Paul Dennison · Befreite Bahnen

W0191112

Paul Dennison

Befreite Bahnen

Verlag für Angewandte Kinesiologie
Freiburg im Breisgau

CIP-Kurztitelaufnahme der Deutschen Bibliothek
Dennison, Paul E.:
Befreite Bahnen / Paul E. Dennison. [Aus d. Amerikan. von
Tibor Prekopp. Überarb. d. dt. Ausg.: Helga Petres-Lesch]. –
5. Aufl., Nachdr. – Freiburg im Breisgau: Verl. für Angewandte
Kinesiologie, 1990
   Einheitssacht.: Switching on < dt. >
   ISBN 3-924077-01-0
NE: Petres-Lesch, Helga [Bearb.]

1984 1. Auflage
1987 2. Auglage
1988 3. Auflage
1989 4. Auflage
1990 5. Auflage

© 1984 Verlag für Angewandte Kinesiologie, Freiburg
Alle deutschen Rechte vorbehalten

© 1981 by Paul E. Dennison, Ph. D.
Originaltitel: Switching on

Aus dem Amerikanischen von Tibor Prekopp
Umschlag: Hugo Waschkowski
Fotoarbeiten: Premtosch (drei Bilder aus der amerik. Originalausgabe)
Überarbeitung der deutschen Ausgabe: Helga Petres-Lesch
Lektorat: Susanne Degendorfer
Herstellung: Rombach GmbH, Druck- und Verlagshaus,
7800 Freiburg i. Br.
ISBN 3-924077-01-0

Inhaltsverzeichnis

Dank

Der Autor ist in seinem Leben mit Hunderten von liebevollen Leitfiguren gesegnet worden, die an ihn glaubten, ihm den Weg zeigten und immer zu ihm hielten. Namen brauchen hier nicht aufgeführt werden, denn die Betreffenden wissen, wer gemeint ist; ihnen allen sei an dieser Stelle zutiefst gedankt.

Einführung

Bevor Sie dieses Buch lesen, führen Sie mit einem Partner die folgende Übung durch:

1. Stellen Sie sich Ihrem Partner gegenüber, wie in Abb. 1 gezeigt.
2. Bitten Sie Ihren Partner, einen Arm bis in Schulterhöhe zu heben und den anderen entspannt herunterhängen zu lassen.
3. Legen Sie eine Hand auf den ausgestreckten Arm, genau oberhalb des Handgelenks, und die andere zur Stabilisierung auf die gegenüberliegende Schulter des Partners.
4. Sagen Sie Ihrem Partner, daß Sie mit dem Signal „Halten" seinen Arm herunterdrücken werden. Seine Aufgabe ist es, den Arm oben zu halten und es zu verhindern.
5. Sagen Sie „Halten" und drücken Sie dann nach ca. 1 Sekunde Reaktionszeit auf den Arm. Der Druck sollte gerade so stark sein, daß Sie fühlen, wie der Muskel „sperrt" und das Schultergelenk gegen den Druck verschließt.

Haben sie gespürt, wie der Muskel durch den Druck auf den Arm aktiviert wurde? In fast allen Fällen „sperrt" dieser Muskel leicht.

Variieren Sie jetzt das Vorgehen. Führen Sie die oben beschriebenen Schritte 1 bis 4 durch; bei Schritt 5 sagen Sie zusätzlich zu „Halten": „Versuch Dein Bestes." „Versuch, Dich anzustrengen."

War die Reaktion Ihres Partners jetzt die gleiche oder eine andere? Sperrte der Muskel oder nicht? Immer wenn man daran denkt, „sein Bestes

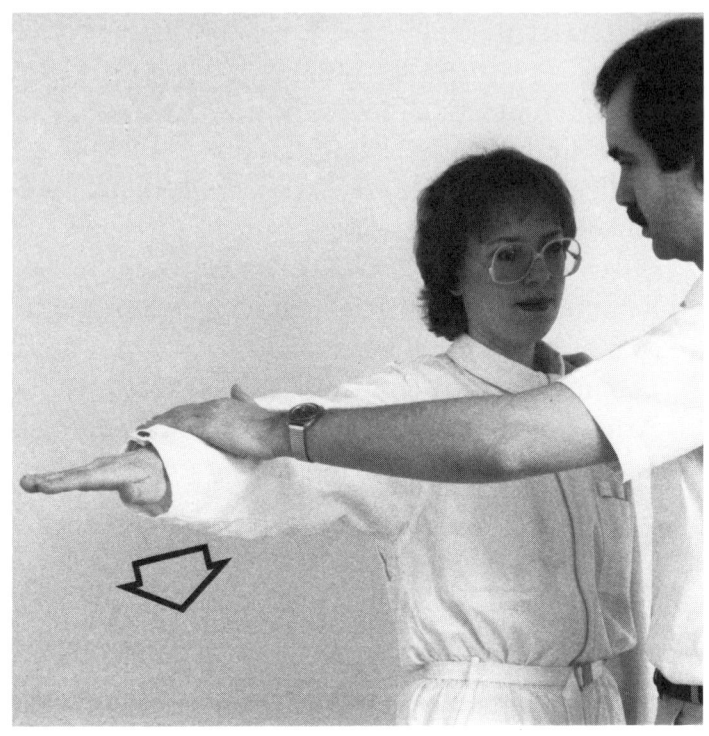

Abb. 1: Das Testen des Delta-Muskels

zu versuchen", wird es schwieriger, den Muskel gegen den gleichen Testdruck zu sperren und der Arm kann leicht heruntergedrückt werden.

Variieren Sie jetzt das Vorgehen folgendermaßen: Sagen Sie zusätzlich zu „Halten": „Du schaffst das. Gib das, was Du kannst".

Welche Reaktion haben Sie jetzt festgestellt? Sperrte der Muskel dieses Mal oder nicht? Wenn die einfache Ermunterung erfolgt, das zu geben, was in einem steckt, wird die Reaktion immer die gleiche wie beim ersten Vorgehen oder sogar noch besser sein.

Warum rief das kleine Wörtchen „versuchen" eine andere Reaktion hervor? Die Antwort auf diese Frage werden Sie in diesem Buch finden.

Vorwort des Autors

Unser Erziehungssystem befindet sich in einer Krise. Lernbehinderungen nehmen in jeder Schule überhand. Millionen von funktionalen Analphabeten sind von dem System hervorgebracht worden, und ihre Zahl steigt rapide an. Im allgemeinen verlieren Schüler die Fähigkeit, sich schriftlich oder verbal auszudrücken und einfache mathematische Rechnungen durchzuführen. Sogar die Kompetenz der Lehrer ist zu Beginn der achtziger Jahre in Frage gestellt.

Nach Angaben des Ministeriums für Erziehung und Unterricht weisen drei Prozent der amerikanischen Kinder (das sind ungefähr 2 Millionen) Lernbehinderungen auf. Experten auf dem Gebiet vermuten, daß die Zahlen weit höher liegen – vielleicht zehn bis zwölf Millionen, angefangen bei den Schülern, deren Leistungen hinter den Erwartungen zurückbleiben, die also versagen, obwohl sie hervorragende Abschlüsse erzielen könnten, bis zu denen, die unter ernsten Behinderungen leiden.

Dieses Buch gibt Auskunft darüber, *warum* wir uns in dem gegenwärtigen Erziehungsdilemma befinden und *wie* wir da herausfinden können. Die dabei eingesetzten Techniken basieren auf den neuesten Entdeckungen der experimentellen Psychologie und der Gehirnforschung in Amerika, sie entsprechen aber auch unseren ältesten Vorstellungen darüber, wie wir lernen und uns entwickeln.

Lernbehinderungen sind keine Krankheiten. Es sind vielmehr Störungen im Kommunikationsnetz, das das Kind mit seiner Welt verbindet. Beim lernbehinderten Kind liegt eine „Blockierung des Systems" vor, da es durch den heutigen Leistungsdruck und das Konkurrenzdenken in der Schule blockiert wird. Die wunderbare Ironie liegt darin, daß wir unsere frustrierten Kinder ganz leicht für das aufregende Abenteuer, das Lernen eigentlich sein sollte, aktivieren können.

„Befreite Bahnen" ist ein Handbuch der Hoffnung für die besorgten Eltern und die frustrierten Lehrer der „unlehrbaren" Kinder. In erstaunlich kurzer Zeit sind Fortschritte zu erzielen, wenn man die einfach anzuwendenden Techniken mit Liebe und Zuversicht einsetzt. Sie sind eine neue, revolutionäre Lernmethode.

Dem Erwachsenen, der vielleicht eine traumatische Kindheit durchgemacht oder Schulhaß entwickelt hat, bietet „Befreite Bahnen" eine zweite Chance. Es ist nie zu spät, „angeschaltet" zu werden, um die Freude, die Lernen dem Leben verleiht, zu erleben.

Vorwort von Dr. Richard A. Tyler

Als sich mein Sohn noch in einem frühen Stadium seiner schulischen Entwicklung befand, stellte ich fest, daß er das Lesen nicht richtig lernte. Zunächst dachten wir, daß er vielleicht einfach ein wenig langsamer lernt. Mit der Zeit jedoch wurde es immer offensichtlicher, daß er überhaupt keine Fortschritte machte, obwohl er in der Schule immer noch in die nächste Klasse versetzt wurde. Unterredungen mit den Lehrern erwiesen sich als nutzlos, und die Frustration wuchs immer mehr. In unserer Verzweiflung ließen wir Intelligenztests durchführen und erfuhren, daß unser Sohn ein Durchschnittsjunge mit voller Lernfähigkeit war. Er hatte das notwendige „Werkzeug", anscheinend wurde ihm jedoch nicht beigebracht, wie man es gebraucht.

Glücklicherweise arbeitete in dem Haus, in dem sich zu jener Zeit meine Praxis befand, jemand, der sich auf die Entwicklung der Lernfähigkeit bei Kindern und auch bei Erwachsenen spezialisiert hatte. Voller Verzweiflung brachte ich meinen Sohn zu diesem Therapeuten, Dr. Paul Dennison. Nach umfangreichen Tests entdeckte er, daß bei meinem Sohn „Legasthenie" vorlag, ein Zustand, in dem man auf Grund von verminderter Wahrnehmungskoordination Schwierigkeiten beim Lesen hat. Nach Monaten gemeinsamen Trainings mit der richtigen Lesemethode kehrte mein Sohn in die Klasse zurück und entwickelte sich zum

14

Klassenbesten. Daraus zogen meine Frau und ich unsere Lehre: als eine unserer Töchter Anzeichen von „Legasthenie" zeigte, gingen wir wieder zu Dr. Dennison, mit den gleichen positiven Ergebnissen.

Im Laufe der Jahre wuchs meine Achtung vor Dr. Dennison, da ich den Wert seiner Lehrmethode bei denen, die ich mittlerweile zu ihm schickte, feststellen konnte.

Weiterhin beeindruckte mich, mit welch ungewöhnlicher, intellektueller Hingabe er arbeitete. Er schien nie zufriedengestellt zu sein. Er hatte das Gefühl, als ob er gegen eine Art unsichtbare Wand arbeitete, und freute sich um so mehr darüber, daß er dennoch positive Ergebnisse erzielte. Wenn es nur einen Weg gegeben hätte, die Wand zu durchbrechen, anstatt über sie klettern zu müssen.

Dr. Dennison war auf der anderen Seite auch ein Patient von mir. Nach einer gewissen Zeit begann er, die Möglichkeit zu überprüfen, ob es eine Verbindung zwischen mechanischen Körperabläufen und Wahrnehmungsschwierigkeiten gibt. War es möglich, daß Störungen der Muskelfunktionen eventuell auch das Lesen beeinträchtigten? Besonders interessiert war er an meiner Arbeit mit den Methoden der Angewandten Kinesiologie. Es faszinierte ihn, wie Muskeln, die „schwach" testeten, auf die leichte Berührung von Reflexzonen mit einer Verbesserung ihrer Funktion reagierten. Im Laufe der Jahre katalogisierte er die Konzepte der Reflextechniken, doch wußte er noch nicht richtig, wie er sie in seine Arbeit integrieren sollte.

Nachdem Dr. Dennison an Kursen über die

Techniken der „Angewandten Kinesiologie" teilgenommen hatte, kam ihm das Gefühl, den
Schlüssel gefunden zu haben. Er beschloß, mit einem seiner Schüler einen Muskeltest durchzuführen. Zuerst ließ er ihn mit den Augen ein sich be-
wegendes Objekt verfolgen, ohne daß der Kopf
dabei bewegt werden durfte. Während der Schüler
dem Objekt von einer Seite zur anderen folgte,
gab es einen Punkt, an dem offensichtlich Verwirrung aufkam, nämlich als er die Mitte erreichte.
Die Augen schienen eine „unsichtbare Wand"
nicht überschreiten zu können. Dennison ließ den
Schüler dann Überkreuzbewegungen ausführen:
der Schüler hob einige Male jeweils abwechselnd
gleichzeitig einen Arm und das entgegengesetzte
Bein, so als ob er auf der Stelle ginge. Dann wurde
noch einmal der Augentest durchgeführt; dieses
Mal schien die „Wand" verschwunden zu sein. Mit
kontrollierter Erwartung testete Dr. Dennison die
Lesefähigkeit des Schülers und war beeindruckt,
mit welchem Eifer der Schüler jetzt auf die Herausforderung der Leseaufgaben und der Wahr-
nehmungstests reagierte.

In den folgenden Monaten erweiterte Dr. Dennison den Rahmen seines Muskeltests und begann,
seine Ergebnisse über „schwache" Bereiche und
deren Reaktionen auf Reflextechniken schriftlich
festzuhalten. Zu dieser Zeit berichtete er mir über
seine Forschung. Er glaubte, daß es für seine Ziele
im Dienste der Schüler das Beste sei, eine körperliche Untersuchung und die Muskelbeurteilung
durch einen Chiropraktiker miteinzubeziehen.

Ich arbeitete einige Monate mit ihm zusammen. Unsere Arbeit war aufregend und zutiefst befriedigend, da wir offenkundig die Leute von den Fesseln ihrer Wahrnehmungsprobleme befreien konnten. Mit Hilfe der Methoden der Edu-Kinesthetic fand Dr. Dennison bald heraus, daß er allen Menschen helfen konnte, egal welche Lernziele sie hatten. In Anbetracht der phantastischen Fähigkeiten des menschlichen Gehirns, des unglaublichsten Computers, der je entwickelt wurde, sind wir alle „lernbehindert" und uns unseres wahren Potentials nicht bewußt. Wenn wir nur zehn Prozent unseres Geistes benutzen (wahrscheinlich benutzen wir sogar noch weniger), sind wir mit Sicherheit Gefangene irgendeines Abschaltmechanismus. Wenn Sie die Wand zu unbegrenzter Expansion Ihres Potentials durchbrechen oder sich selbst und die Menschen, die Sie mögen, für ein besseres Leben aktivieren möchten, empfehle ich Ihnen, dieses Buch sorgfältig zu lesen.   Dr. Richard A. Tyler, Juni 1981

Vorwort des Herausgebers

Vor gut 2 Jahren hatte ich die erste Gelegenheit, Dr. Dennison in Aktion zu erleben während eines Internationalen Treffens in San Diego. Damals war für mich sein Vorgehen noch sehr geheimnisvoll, und ich kann mich auch noch an das Gefühl erinnern, daß hier etwas Außerordentliches vor sich ging und daß ich der ganzen Sache auf der Spur bleiben müßte.

Ein Jahr später erlebte ich ihn wieder während desselben Treffens, und ich wurde Zeuge der außergewöhnlichen Veränderung einer Teilnehmerin, an der er seine Methode demonstrierte. Die Dame hatte nach einem Flugzeugunfall, der sich zwei Jahre zuvor ereignet hatte, einen großen Teil ihrer Lesefähigkeit und des Verständnisses für das Gelesene verloren. Dr. Dennison ließ sie einen Abschnitt aus einem Buch laut vorlesen und fragte sie anschließend nach dem Inhalt des Vorgelesenen. Die Schwierigkeiten beim Lesen und das fehlende Textverständnis waren offenkundig. Nach einer halben Stunde EK-Arbeit stand eine „andere" Person vor dem Auditorium: strahlend, gelöst und völlig problemlos las sie nun einen weiteren Abschnitt aus dem Buch vor. Das ganze Auditorium war zutiefst beeindruckt.

In der Zwischenzeit besuchte ich selbst einen EK-Lehrgang bei Dr. Dennison und konnte miterleben, daß Ergebnisse wie in San Diego nicht die Ausnahme waren.

Eine Kursteilnehmerin aus Norwegen z. B. hatte nach einem Unfall vor 30 Jahren ihre Fähigkeit, Deutsch zu sprechen, fast gänzlich eingebüßt. Am Ende des Kurses erzählte uns die gleiche Person eine Geschichte in nahezu fließendem Deutsch. Ich selber sprach nach einer Einzelsitzung mit Dr. Dennison fließend Englisch wie nie zuvor, als wäre es meine Muttersprache.

In der Zwischenzeit hatte ich selbst Gelegenheit, mit Schülern zu arbeiten, und die Ergebnisse sind sehr ermutigend. Wir, d. h. das Institut für Angewandte Kinesiologie in Freiburg, waren uns einig, daß es an der Zeit war, Dr. Dennisons Büchlein auch dem deutschen Leser zugänglich zu machen. Wir alle sind uns bewußt, daß dies erst ein kleiner Anfang ist, weit davon entfernt, alle Geheimnisse gelüftet zu haben.

Es soll an dieser Stelle auch klar betont werden, daß der Text weniger in wissenschaftlichem Sinne als detailliert zu betrachten ist, dazu ist er viel zu vereinfacht. Wir bitten, das bei der Lektüre zu beachten. Das Ganze ist vielmehr als Methodik zu verstehen, die es erlaubt, im praktischen Vorgehen Ergebnisse zu erzielen. Das eigentliche Problem liegt eher in der Einfachheit der Methode, die es dem Schüler oft schwermacht, zu glauben, daß damit etwas Bemerkenswertes erreicht werden könnte.

Die Praxis allerdings überzeugt letztendlich. Seit dem ersten Erscheinen dieses Buches in den Vereinigten Staaten sind inzwischen drei Jahre vergangen, und natürlich ist auch die Zeit in der

EK nicht stillgestanden. Viele neue Erkenntnisse wurden gewonnen, die inzwischen schon weit über das im Buch Beschriebene hinausgehen, es allerdings nicht ersetzen. Die Entwicklung dieser Zeit könnte inzwischen einen weiteren Band füllen, und Dr. Dennison arbeitet auch bereits an einem weiteren Buch.

Nichtsdestotrotz wollen wir jetzt dem deutschen Leser die Möglichkeit geben, über „Befreite Bahnen" den ersten Schritt in dieses Gebiet zu tun. Und wir wissen, daß es sich lohnt.

Alfred Schatz, Juni 1984

Dies ist für die Kinder, die anders sind;
Die Kinder, die nicht immer „Einser" bekommen,
Die Kinder, die Ohren haben
Zweimal so groß wie die der Altersgenossen.
Oder Nasen, die tagelang laufen.
Dies ist für die Kinder, die anders sind;
Die Kinder, die einfach aus dem Schritt sind,
Die Kinder, die alle hänseln,
Die Schnittwunden auf ihren Knien haben,
Und deren Schuhe ständig naß sind.
Dies ist für die Kinder, die anders sind;
Die Kinder mit einem Hang zum Schabernack,
Denn wenn sie erwachsen sind,
Die Geschichte hat es gezeigt,
Sind es die Unterschiede, die sie einzigartig machen.

Digby Wolfe

Kapitel I
Einleitung

Was ist Edu-Kinesthetic?

Die Edu-Kinesthetic, oder EK, ist ein unschätzbares Werkzeug für Eltern und Lehrer. Sie ist eine einzigartige Verschmelzung von Angewandter Kinesiologie und Lerntheorie, die das Lernen erleichtert und die Unsicherheit ausschaltet, wenn man mit ihr die Entwicklung eines Menschen begleitet. Indem man verstehen lernt, wie „Energie" blockiert und freigesetzt werden kann, verbessert man nicht nur das Lernen, sondern auch die Lebensqualität.

Die Angewandte Kinesiologie sieht das Lehren und Lernen aus einer neuen Perspektive. Die Kinesiologie ist eine Wissenschaft, die sich mit den Muskeln befaßt und lehrt, wie man Muskeln testet und ausbalanciert, um das Gleichgewicht wieder herzustellen. Angewandte Kinesiologie bedeutet, daß wir die Informationen, die uns die Muskeln über Geist und Körper liefern können, in unsere Arbeit integrieren und diese dadurch erleichtern.

Der größte Teil des Wissens, auf dem die Edu-Kinesthetic basiert, ist altertümlichen Ursprungs. Es war George Goodhearts Verdienst, daß dieses Wissen wiederaufgegriffen wurde und im „Muskeltesten" seinen Niederschlag fand. John F. Thie, der Autor des Buches *Touch for Health*, hat diese Informationen für den Laien zusammengefaßt. Die Anwendung der Kinesiologie auf dem Gebiet der Erziehung ist das Ergebnis der Forschung, die der Autor dieses Buches am „Valley Remedial Group"-Zentrum, einem Lernzentrum in Kalifornien, betrieben hat.

Die Edu-Kinesthetic sollte nicht mit psychomotorischem Training verwechselt werden. Obwohl beide Ansätze dieselben Ziele verfolgen – Verbesserung der Gesundheit und der Lernfähigkeit dank Ausgeglichenheit und Koordinationsvermögen –, unterscheiden sie sich doch. Die Edu-Kinesthetic beinhaltet zwar einige psychomotorische Übungen, die meisten werden jedoch als überflüssig angesehen. EK ist keine „Methode", sondern eher ein Werkzeug, das jedes Lehrsystem verbessert.

Die Edu-Kinesthetic sieht Körper und Geist als Einheit. Die Haltung eines Menschen ist seine „Körpersprache", und wenn wir lesen können, was uns jemand mit dem Körper mitteilt, können wir ihn besser verstehen. Wenn wir die Gehirnfunktionen und die Lernprozesse verstehen, kann gegenseitiges Beobachten uns sogar noch mehr Hinweise liefern. Haltungsverbesserung mit Hilfe der Angewandten Kinesiologie und entsprechender Übungen erleichtert jedes Lernen, da unnötiger Streß eliminiert wird. Dies ist der faszinierendste Teil.

Unsere Philosophie akzeptiert den Lernenden als eine einzigartige, sich entwickelnde, „gute" Person, die lernen wird, wenn man ihr eine anregende Umwelt bietet.

Wir haben generell vermieden, Menschen als „Lernbehinderte", „Legastheniker" etc. zu bezeichnen und zu klassifizieren – eine Praxis, die der Krankheitsbehandlung im medizinischen Bereich entspricht. Stattdessen haben wir versucht, unseren Schülern zu helfen, ihre Wahrnehmungsfunktionen voll zu entwickeln, so daß sie lernen, sich als ganze Menschen zu begreifen und so zu handeln.

Da wir überzeugt davon sind, daß das Prinzip des Wachstums auch für das Lehrpersonal gilt, haben wir unsere Therapeuten ermutigt, kreativ zu sein und Vorschläge zu machen, aber nie darauf zu bestehen, daß eine Methode allen anderen überlegen ist. Wir glauben vielmehr, daß es im Rahmen unserer Philosophie viele „richtige" Methoden gibt.

Jedes Kind lernt anders und unterscheidet sich von den anderen, wie ein Fingerabdruck vom anderen. Der geschickte Lehrer wird viele Methoden einsetzen und Ideen verwerten, um der Diagnose ein therapeutisches Konzept anzupassen. So wie das Kind sich entwickelt, muß sich auch die Diagnose mit ihm ändern; sie ist nie statisch.

Über die Jahre hinweg sind wir eklektisch vorgegangen und haben vielen Quellen Informationen und Ideen entnommen. Unsere Therapie beinhaltet Techniken, die von Sprachspezialisten, Optikern und Chiropraktikern angewendet werden. Auf der Suche nach Alternativen mußten wir über den pädagogischen Bezugsrahmen hinausgehen.

Unser Grundsatz lautet, Bewußtsein und Gespür für funktionierende Techniken zu zeigen und sie anzuwenden. Hiermit haben wir Erfolg gehabt.

Wir haben Kindern geholfen, die geistige Entwicklung von drei Jahren in einem Jahr zu vollziehen. Wir haben erlebt, wie IQ-Quotienten stiegen und Persönlichkeitsveränderungen eintraten. Wir haben dazu beigetragen, daß aus einem „Ich kann nicht" ein „Ich kann" wurde. Wir werden weiterhin neue und bessere Methoden suchen, um unsere Ziele zu erreichen, während wir das Wissen der Vergangenheit überarbeiten und verbessern.

Bevor Sie sich eingehend mit diesem Buch beschäftigen, stellen Sie sich die folgenden Fragen: „Was verstehe ich unter Erziehung?" „Wo liegt meiner Meinung nach die Verantwortung unserer Schulen?"

Schreiben Sie es auf und legen Sie es beiseite; lesen Sie es noch einmal, wenn Sie die Lektüre dieses Buches beendet haben.

Wenn Sie Schwierigkeiten hatten, Ihre Vorstellung über Lernen auszudrücken, so sind Sie nicht der einzige, denn diese Probleme haben Dichter und Philosophen seit Jahrhunderten beschäftigt. Die Schwierigkeiten treten auf, da wir alle von einem System konditioniert worden sind, das objektives, verbales, lineares Denken belohnt. Intelligenz setzt sich danach aus logischen, rationalen und wissenschaftlichen Fähigkeiten zusammen. Die Intelligenztests belohnen solche Fähigkeiten mit hohen Werten, und unsere moderne, technologische Gesellschaft ist diesem Bild entsprechend aufgebaut worden. Diese Art von Bewußtsein wird von der linken Gehirnhälfte bestimmt, und uns ist beigebracht worden, uns darin hervorzutun.

Dieses Buch bietet Ihnen die Möglichkeit, das Lernen aus einer neuen Perspektive zu sehen, ohne daß die Gültigkeit der oben erwähnten Denkweisen angezweifelt wird. Es versucht, die Bedeutung eines hohen IQ der „rechten Gehirnhälfte" aufzuzeigen und zu erklären, wie man durch Berührung, Bewegung, Haltung, Atmung und Liebe Gleichgewicht zwischen der linken und der rechten Gehirnhälfte herstellt.

Kapitel II
Der Muskeltest

Die Bedeutung der Berührung

Die Edu-Kinesthetic verwendet den Muskeltest als diagnostisches und therapeutisches Werkzeug, um uns mit unserer natürlichen Körperenergie in Einklang zu bringen. Der Muskeltest erfordert unter anderem, daß wir uns gegenseitig berühren, was allein schon von heilsamer Wirkung sein kann.

In unserer modernen Kultur sind wir so stark auf die multimediale Informationsverarbeitung ausgerichtet, daß wir dabei Berühren und Fühlen ganz vergessen haben. Unsere Sprache ist voll von visuellen und auditiven Redewendungen wie z. B. „Ich sehe den Zusammenhang nicht", „Das werde ich mir einmal anschauen", „Ich will von der Sache nichts gehört haben". Nur selten sprechen wir aber über Gefühle, und auf die Frage „Wie geht's?" fällt uns keine andere Antwort ein als das übliche „Danke, gut".

Die Berührung hat sich als notwendig für die normale physische und geistige Entwicklung erwiesen. Kliniken beschäftigen Frauen, deren Aufgabe es ist, die Kleinkinder bei Fehlen der Mutter in den Arm zu nehmen und umherzutragen. Ebenso ist es erwiesen, daß Kinder, die gestillt wurden oder andere physische Stimulationen von ihrer Mutter erhielten, einen signifikant höheren IQ aufweisen als Kinder, die wenig Berührungskontakt hatten.

Unsere Gesellschaft hat uns so konditioniert, daß die Berührung entweder auf Strafmaßnahmen oder die Sexualität beschränkt bleibt. Ein Autoaufkleber lautet: „Haben Sie Ihr Kind heute schon umarmt?" Müssen Eltern wirklich daran erinnert werden, ihre Kinder zu lieben? Viele Kinder zeigen schlechtes Verhalten, da sie lieber eine Tracht Prügel beziehen als physisch ignoriert zu werden. Wie viele junge Leute sehnen sich so nach Berührung, daß sie sich auf sexuelle Abenteuer einlassen, auf die sie emotional nicht vorbereitet sind?

Einer unserer Freunde freut sich immer auf den monatlichen Gang zum Friseur, da er das Gefühl genießt, wenn ihm das Haar einshampooniert wird! Oft gehen wir nur der sanften Berührung wegen zu Ärzten und Chiropraktikern. Die Berührung bewirkt, daß wir uns besser fühlen, und die Edu-Kinesthetic erklärt, warum das so ist.

Wenn wir uns beim Muskeltest gegenseitig berühren, treten wir in den Lebensraum der anderen Person ein. Nehmen wir an, daß ein Umfeld von ca. 50 cm Sie und Ihren Partner umgibt. Wenn Sie diesen Raum betreten, betreten Sie sein Energiefeld und vermischen Ihre Energie mit seiner. Ihre Energie beeinflußt seine ebenso wie umgekehrt. Beim Muskeltest kann dies demonstriert werden. Wenn Sie mit dieser Form von Berührungen richtig umgehen, werden Sie positive Erfahrungen machen, die sowohl von Ihnen als auch von Ihrem Partner verstanden werden.

Wie bereitet man sich selbst auf den Muskeltest vor?

Die Edu-Kinesthetik schlägt vor, daß Sie sich folgendermaßen auf den Muskeltest vorbereiten:

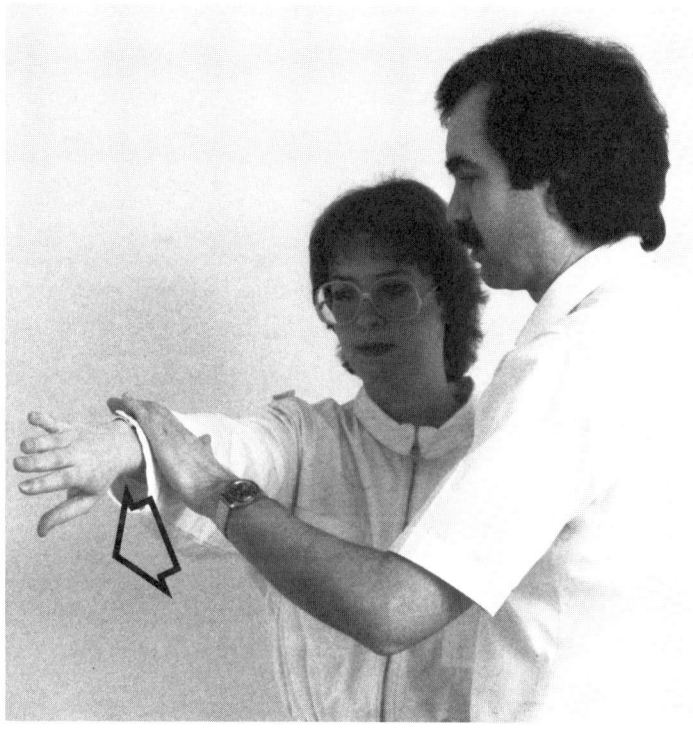

Abb. 2: Das Testen des M. pectoralis major clavicularis

1. Gewinnen Sie mit Hilfe der EK-Techniken, die Sie in diesem Buch lernen werden, größtmögliche physische, emotionale und geistige Ausgeglichenheit.
2. Nehmen Sie eine innere Haltung an, die unein-

geschränkter Liebe und der festen Absicht, der Testperson zu helfen, entspricht.

3. Nehmen Sie eine Haltung der inneren Zentriertheit ein, in der Sie Ihr eigenes Energiefeld vor allen negativen Einflüssen schützen, die die Testperson auf Sie ausüben könnte.

4. Zeigen Sie liebevolle Distanz, und erwarten Sie keine andere Reaktion von der Testperson als die, die der Körper selber zeigen wird.

Was ist ein Muskeltest?

Das Muskeltesten ist die Kunst, einen bestimmten Muskel aus seinem Verbund zu isolieren und zu testen, um zu bestimmen, ob er, im Verhältnis zur Kraft der Testperson, „schwach" oder „stark" ist, um damit Energieunausgewogenheiten aufzudekken. Es geht dabei um die Frage, ob irgend etwas den Muskel „geschwächt" hat. Die Ausdrücke „schwach" und „stark", die beim Muskeltest verwendet werden, können mit „ausgeschaltet" und „eingeschaltet" gleichgesetzt werden. Ein Muskel ist nur dann „schwach", wenn ein Kurzschluß im Energiestrom vom Gehirn zum Muskel auftritt. Wie wir noch feststellen werden, gibt es viele mögliche Ursachen für solche Unterbrechungen des Energieflusses. Merken Sie sich vorerst nur, daß wir beim Muskeltest eigentlich die Energie testen, weniger die physische Kraft.

Unsere Forschung am Valley Remedial Group-Zentrum hat ergeben, daß uns gewisse Muskeln, die zu testen Sie leicht erlernen werden, all die Informationen liefern, die wir brauchen um aneinander zu lernen. Führt man bei lernbehinderten Kindern und Erwachsenen Muskeltests durch, kann man Energieblockierungen feststellen. Werden die Muskeln dann mit Hilfe der EK-Techniken „gestärkt", verbessert sich in den meisten Fällen auch die geistige Leistung beträchtlich.

Der Muskeltest ist ebenso einfach wie sicher. Entweder ist der Muskel „stark" oder „schwach"; das Urteil irgendeiner Autoritätsperson ist nicht notwendig. Der Lernende fühlt den „schwachen" Muskel, und ebenso fühlt er den Stärkungsprozeß. Einen Vorteil gibt es dabei sowohl für den Lehrenden, der die Diagnose stellt, als auch für den Lernenden, der die Veränderung erlebt, die zunehmende Ausgeglichenheit und Koordination fühlt und sich darauf vorbereitet zu lernen.

Was ist ein Indikatormuskel?

Jeder Muskeltest indiziert oder sagt etwas aus. Dabei ist die Absicht, die wir beim Muskeltest verfolgen, von großer Bedeutung. Wenn wir einen Muskel testen, stellen wir dem Körper und dem Energiefeld eine Frage. Testen wir z. B. den M. supraspinatus, so fragen wir den Körper, ob eine Energieblockierung vorliegt, die durch geistige Ermüdung hervorgerufen wurde. Beim Test des M. pectoralis major clavicularis fragen wir, ob eine Energieblockierung durch emotionalen Streß verursacht wurde. Beim Test des M. latissimus dorsi stellen wir dem Körper Fragen über Zuckerstoffwechsel und Lebensmittelallergien. Jeder Muskel kann dazu dienen, dem Körper Fragen zu stellen.

Die Muskeln

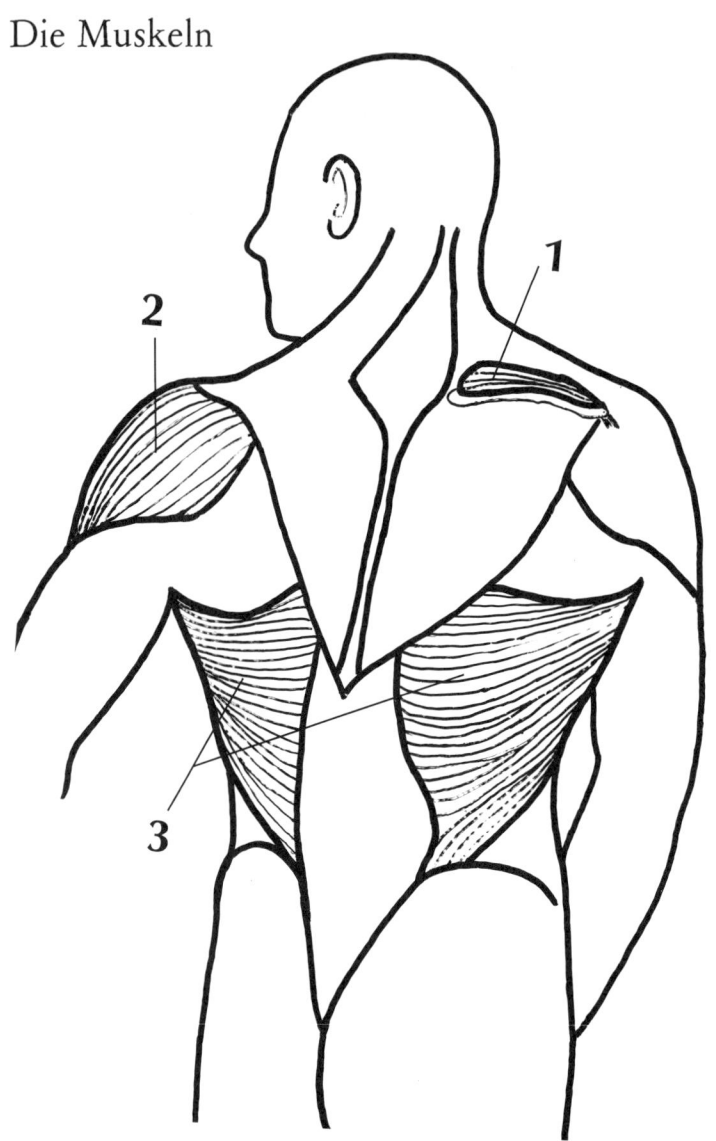

Abb. 3a: Die vier in der Edu-Kinesthetic verwendeten Muskeln (Körper-rückseite)
1 Musculus supraspinatus
2 Musculus deltoideus
3 Musculus latissimus dorsi

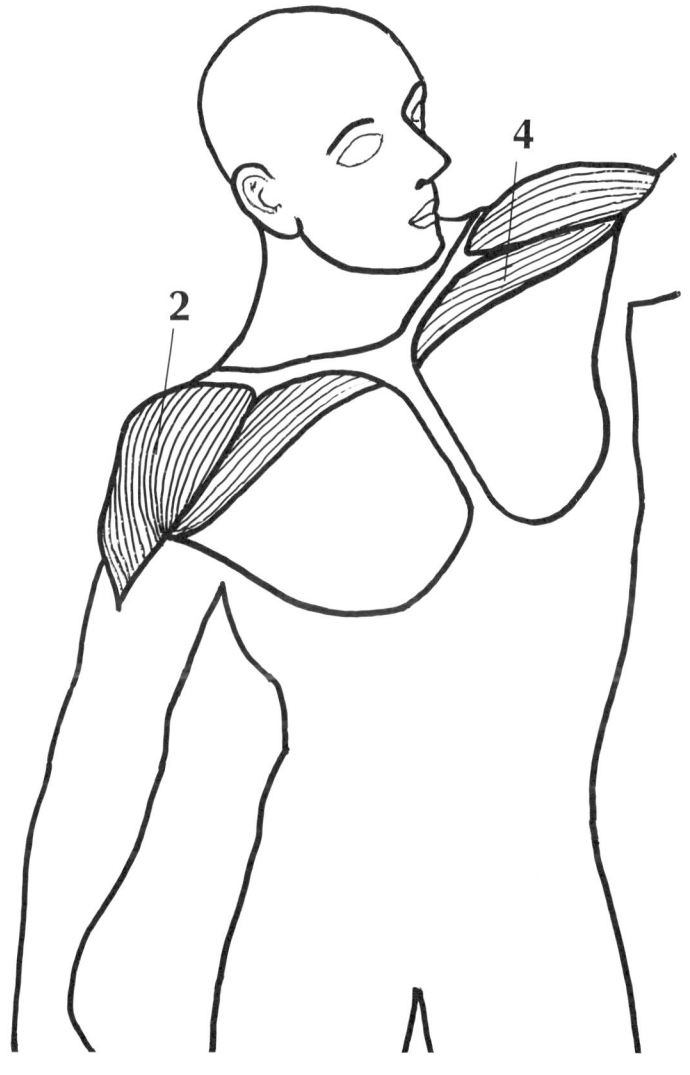

Abb. 3b: Die vier in der Edu-Kinesthetic verwendeten Muskeln (Körper-vorderseite)
2 Musculus deltoideus
4 Musculus pectoralis major clavicularis

Besonders geeignet ist der M. deltoideus, da er gewöhnlich stark und sowohl im Sitzen als auch im Stehen leicht zugänglich ist, ohne daß der Körper aus dem Gleichgewicht gebracht wird (s. Abb. 3 zur Lage der Muskeln).

Wie testet man einen Muskel?

Beim Muskeltest üben wir Druck *entgegen* der normalen Zugrichtung des Muskels aus. Der M. deltoideus z. B., der sich über dem Schultergelenk befindet, hebt den Arm bei Kontraktion. Fühlen Sie es selbst. Legen Sie eine Hand auf Ihre Schulter und heben Sie den Arm gerade hoch. Fühlen Sie, wie die Schulter sich spannt und der Muskel sich verkürzt, während der Arm sich hebt. Halten Sie den Arm nun oben. Beim Test des M. deltoideus würde man nun versuchen, den Arm nach unten zu drücken, während Sie Widerstand leisten und versuchen, ihn oben zu halten. Sie können den Muskel in jeder Stellung seines „Bewegungsradius" testen. Suchen Sie sich also die Stellung, die für Sie und Ihren Partner bequem ist. Wenn Sie einen Muskel testen, geht es nicht darum, ihn zu überwinden, sondern vielmehr darum, *seine Fähigkeit zu „sperren"* zu erfühlen. Fühlt er sich „schwach" oder „stark" an? Das Hauptproblem beim Erlernen des Muskeltests besteht darin, daß man anfangs dazu neigt, zu viel Druck auszuüben. Abgesehen von bei Bodybuilding betreibenden Menschen kann man natürlich jeden Muskel leicht überwinden, besonders bei Kindern. Sie sollten beim Testen deshalb nur das „Sperren" erfühlen und dann sofort loslassen. Die einzelnen Schritte beim Test der vier Muskeln in Abb. 3 sind folgende:

1. Demonstrieren Sie den Bewegungsradius des isolierten Muskels, indem Sie den Arm auf und ab in Zugrichtung des Muskels bewegen.
2. Proben Sie den Test und sagen Sie zu Ihrem Partner: „Ich drücke Ihren Arm jetzt in diese Richtung; Sie halten ihn in der Position und lassen es nicht zu."
3. Testen Sie den Muskel, nachdem Sie das Kommando „Halten" gegeben und ca. 1 Sekunde gewartet haben.
4. Die Technik: Testen Sie mit offener Handfläche. Üben Sie den Druck zwei Sekunden lang aus. Sperrt der Muskel oder nicht? Wenn er dies nicht innerhalb von 5 cm tut, ist er „schwach".
5. Zeichnen Sie Ihre Ergebnisse auf (z. B.: Rechter M. supraspinatus sperrt, oder: M. deltoideus „schwach").

Wie bereitet man den anderen auf den Muskeltest vor?

Es wurde schon erläutert, wie man sich selbst auf den Muskeltest vorbereitet. Für die Vorbereitung der Testperson ist es wichtig, daß Sie erklären, was Sie machen und warum. Die zu beachtenden Punkte sind dabei:

1. Gibt es einen Grund (z. B. eine Verletzung), der gegen den Muskeltest spricht? Es ist besser, vorher zu fragen, als überrascht zu werden.

2. Die Testperson kontrolliert den Test. Wenn irgend etwas Schmerz oder Unbehagen auslösen sollte, muß sie es laut und deutlich signalisieren, damit der Test unterbrochen werden kann.

3. Sie testen die Fähigkeit des Muskels zu sperren. Es geht nicht darum, den Muskel zu überwältigen oder ein „Tauziehen" zu veranstalten, vielmehr um die Zusammenarbeit, um Energieunausgeglichenheiten aufzudecken. Lassen sie also die Testperson kooperieren und vergessen Sie nicht, daß das Ganze auch Spaß machen kann.

Gehen sie jetzt zu Kapitel III über und führen Sie sofort einige Muskeltests durch. Es ist wirklich ganz einfach. Die Abbildungen 4–7 zeigen die Positionen des Testenden und der Testperson. Die Bewegung folgt der linken Hand des Testenden (siehe Pfeile). Denken Sie daran, daß es nicht notwendig ist, den Muskel durch den ganzen Bewegungsradius zu bewegen; wenn er nicht innerhalb von 5 cm sperrt, ist er als schwach zu beurteilen. Es ist zu empfehlen, beim Test die andere Hand auf die gegenüberliegende Schulter der Testperson zu legen, um sie zu entspannen und zu stabilisieren, während Sie Druck auf den anderen Arm ausüben.

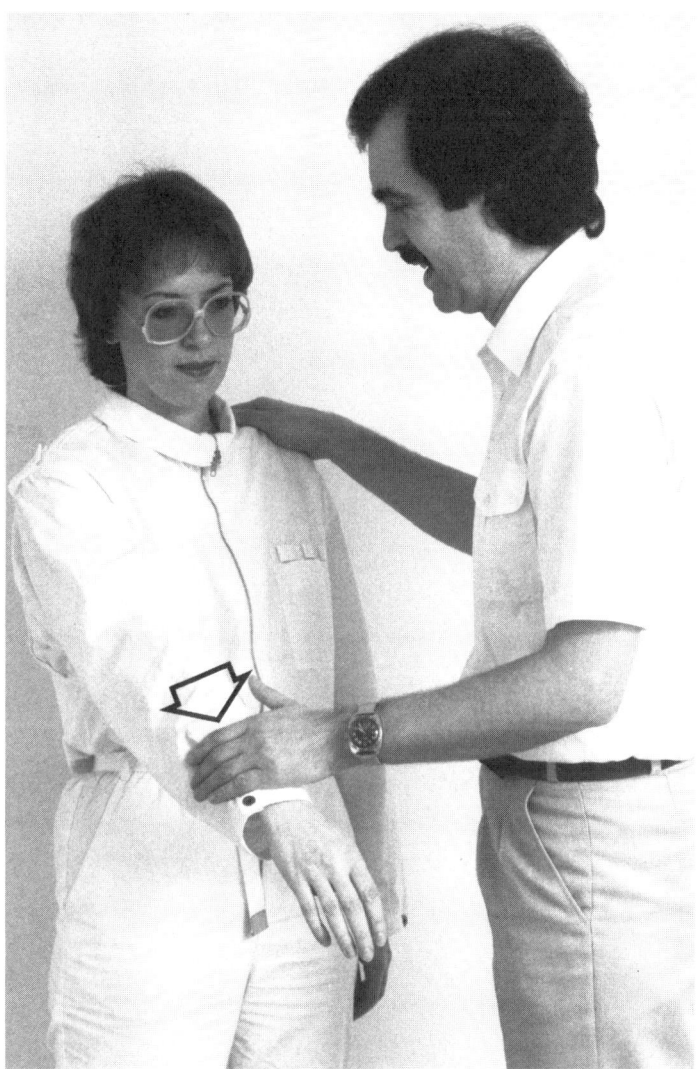

Abb. 4: Das Testen des M. supraspinatus. Der Arm wird mit durchgestrecktem Ellbogen leicht seitlich und in einem Winkel von ca. 15° vom Körper weggehalten. Der Druck wird gegen den Unterarm nahe des Handgelenks in Richtung Leiste ausgeübt (siehe Pfeil).

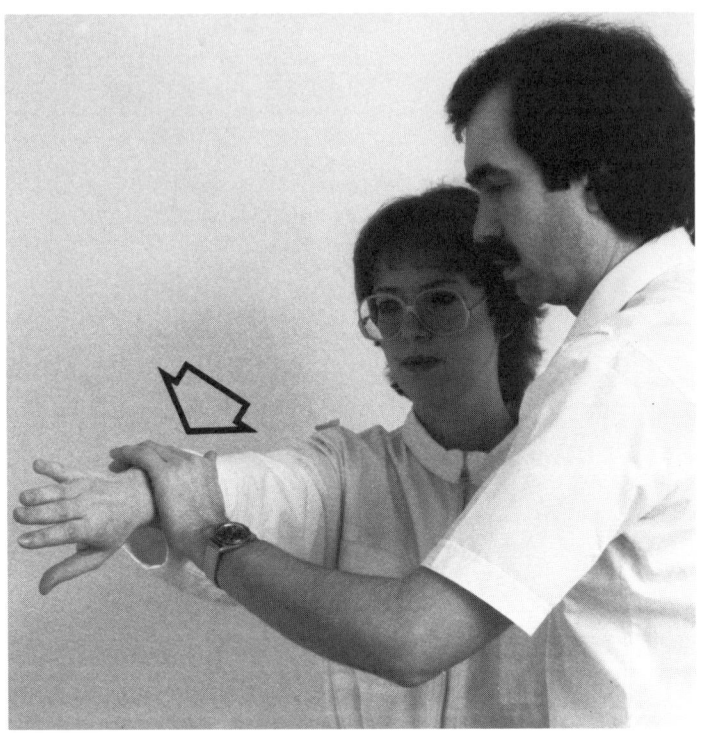

Abb. 5: Das Testen des M. pectoralis major clavicularis. Der Arm wird in Schulterhöhe nach vorne (rechtwinklig zum Rumpf) ausgestreckt, die Handfläche weist nach außen und der Daumen in Fußrichtung. Druck wird in Richtung Füße und ca. 45° vom Rumpf weg ausgeübt (siehe Pfeil).

38

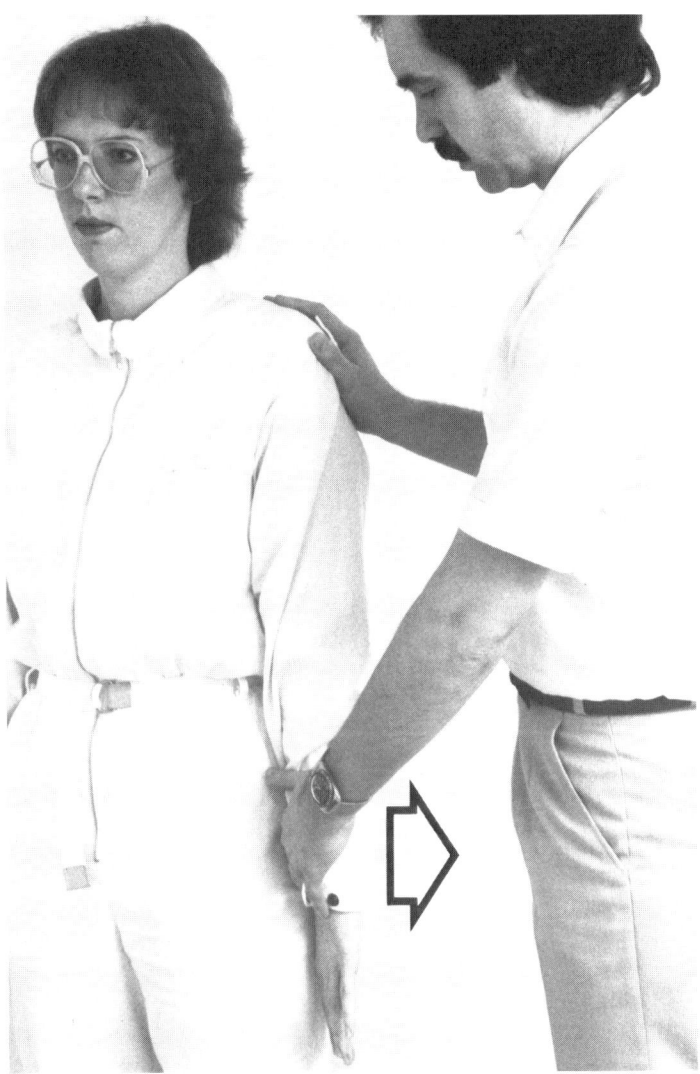

Abb. 6: Das Testen des M. latissimus dorsi. Der Partner dreht die Hand so, daß die Handfläche vom Körper weg zeigt. Während er die Hand am Körper hält, so als wenn sie „an seiner Hüfte kleben" würde, versuchen Sie, die Hand vom Körper wegzudrücken (siehe Pfeil). Dabei ist darauf zu achten, daß die Testperson während des Testens den Ellbogen nicht abwinkelt.

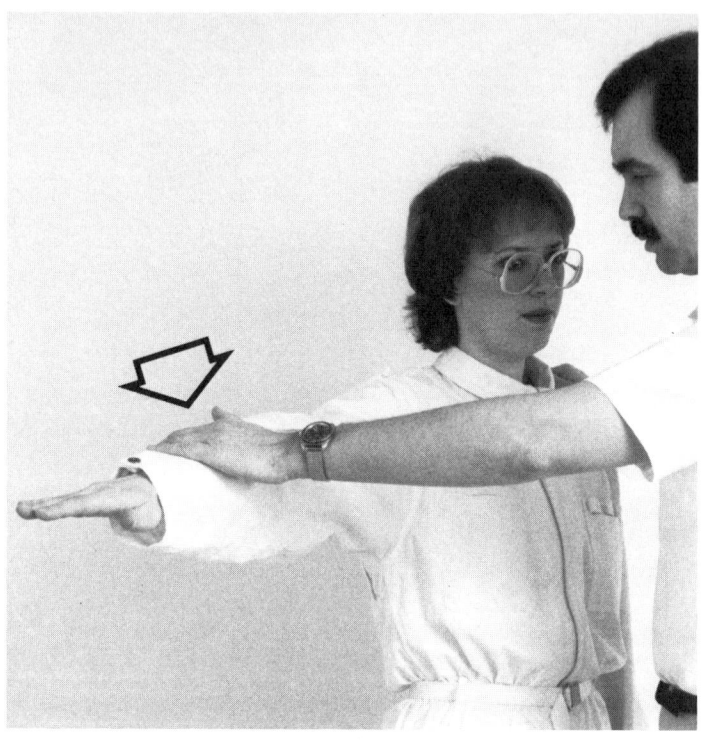

Abb. 7: Das Testen des M. deltoideus. Drücken sie den waagrecht erhobenen Arm zur Körperseite hin herunter (siehe Pfeil).

Weitere Informationen über Muskeltests, für den Laien vereinfacht dargestellt, bietet das sehr empfehlenswerte Buch „Gesund durch Berühren" („Touch für Health") von Dr. John F. Thie.* Es enthält ein vollständiges Programm für das Ausbalancieren von Muskeln mit Hilfe von Berührungstechniken.

* Erhältlich beim Institut für Angewandte Kinesiologie, Freiburg.

Kapitel III
Energie und Umwelt

Wir haben bisher gelernt, gewisse Muskeln zu testen, und wir haben gelernt, daß ein „schwacher" Muskel auf eine Energieblockierung irgendwo im System hinweist. In diesem Kapitel werden wir mehr über Energie erfahren; wir werden demonstriert bekommen und selbst erleben, daß wir alle auf einer gewissen Ebene Energie sind und deshalb Umwelteinflüssen ausgesetzt sind, die sich unserer bewußten, rationalen Kontrolle entziehen.

Wenn wir über Energie etwas lernen wollen, ist aktive Teilnahme Voraussetzung. Viele Bücher sind bisher über dieses Thema geschrieben worden, doch nur wenige Menschen verstehen diese Kraft. Ob sie nun Chi, Prana, kosmische Energie oder Liebe genannt wird, man glaubt an ihre Existenz, aber nur wenige haben sie gefühlt und erfolgreich angewendet. Der Muskeltest ermöglicht es dem größten Skeptiker, diese Kraft zumindest teilweise zu erleben. Dabei ist es nicht notwendig, die Vorgänge zu verstehen. Das Erleben des Gefühls, wenn Muskeln „stark" oder „schwach" werden, vermittelt Ihnen die Erkenntnis, daß hier etwas vor sich geht. Das reicht, um die Edu-Kinesthetic für uns arbeiten zu lassen.

Was ist Farbe?
Wir leben in einer Welt voller Farben. Man unterhält sich über seine Lieblingsfarben. „Rot macht mich krank." „Ich hasse Blau." „Grün ist meine

Lieblingsfarbe." Was steckt dahinter, daß bestimmte Farben unsere Stimmung und unsere Konzentrationsfähigkeit beeinträchtigen?

Farbe ist Energie, die in verschiedenen Frequenzen vibriert. Farben haben einen unterschiedlichen Einfluß auf die Energiefelder. Es gibt Energiezentren in unserem Körper, denen verschiedene Energiefrequenzen entsprechen. Bestimmte Frequenzen helfen, Energieausgeglichenheit für den ganzen Körper zu erzielen, andere Frequenzen konzentrieren Energie, und die dadurch entstehende Überbelastung bewirkt, daß Dysfunktionen auftreten.

Führen Sie Muskeltests mit Farben durch und erleben Sie, wie Ihre eigene Energie beeinflußt wird. Arbeiten Sie dabei mit einem Partner. Sie können jeden Indikatormuskel testen, der M. deltoideus eignet sich jedoch mit am besten für diesen Zweck.

Vorgehen beim Testen von Farben und anderen Umweltfaktoren.
1. Testen Sie zunächst den Indikatormuskel und versichern Sie sich, daß er „stark" ist.
2. Wählen Sie für den Test einen Umweltfaktor, dessen Wirkung Sie interessiert.
3. Bitten Sie die Testperson, sich auf den gewählten Umweltfaktor zu konzentrieren. Beispiel: „Schauen Sie auf Evas rote Bluse." Viele Objekte können auch in der Hand gehalten oder berührt werden.
4. Testen Sie nun den Indikatormuskel.

5. Schreiben Sie auf, ob der Muskel jetzt „stark" oder „schwach" testet.
6. Bitten Sie nun die Testperson, z. B. in den blauen Himmel zu schauen. Ist der Indikatormuskel jetzt „stark" oder „schwach"?
7. Besprechen Sie das Ergebnis und wiederholen Sie den Test bei Bedarf.
8. Testen Sie viele Farben. Welche davon „schwächen" Sie und bewirken ein „Abschalten"? Welche davon „stärken" Sie und bewirken ein „Anschalten"?

Eine Lehrerin in einer dritten Klasse konnte sofort Veränderungen bei ihren Schülern feststellen, als sie nicht mehr bevorzugt ihre rosa, orange und roten Kleidungsstücke, sondern statt dessen grüne, blaue und lila Kleidung trug.

Geräusche und Musik

Wir haben erläutert, daß gewisse Lichtstrahlen unsere Energiefelder mit bestimmten Vibrationen treffen und unser Energiegleichgewicht stören können. Befassen wir uns nun mit den Geräuschen, die bekanntlich auf unsere Trommelfelle als Vibrationen treffen.

Wir haben alle erlebt, welche Bedeutung der Musik bei der Beeinflussung unserer Emotionen zukommt. Filmmusik kann Angstgefühle hervorrufen oder uns nostalgisch stimmen. Musik kann uns veranlassen, patriotisch zu marschieren oder mit rasender Hingabe zu tanzen. Geräusche rufen ein Gefühl der Müdigkeit hervor oder helfen uns, unsere Arbeit besser zu verrichten. Lassen Sie uns testen, welchen Effekt einige gewöhnliche Geräusche unserer Umwelt auf unser Energieniveau haben.

Zum Testen empfohlene Geräusche und Musik
1. fließendes Wasser
2. Rockmusik
3. Klassische Musik
   a. allegro
   b. andante
4. Haushaltsgeräte

Zum Beispiel:
1. Identifizieren Sie einen „starken" Indikatormuskel.
2. Spielen sie dreißig Sekunden lang Rockmusik ab.
3. Testen sie den Indikatormuskel erneut.
4. Ist er „stark" oder „schwach"? Schreiben Sie die Ergebnisse auf.

Bei Experimenten mit einer Lerntechnik, die allgemein als „Superlearning" bekannt ist (vgl. dazu das Buch von Ostrander und Schroeder mit dem gleichnamigen Titel) verwendet man langsame und gute klassische Musik mit ungefähr 60 Schlägen pro Minute, um Studenten das Erlernen von Sprachen auf entspannte, passive, rezeptive Art, ohne Angstgefühle zu ermöglichen.

Ähnliche Erfolge können wir am Valley Remedial Group-Zentrum verzeichnen, wenn wir bei unserer Arbeit mit Lernbehinderten Musik einsetzen. William, ein Rockmusik-Fan, bat darum, diese „langsame" Musik noch einmal hören zu dürfen, da sie ihm half, sich zu konzentrieren. Stan verliert beim Lesen die Zeile nicht mehr, wenn im Hintergrund sanfte, langsame Musik läuft. Außerdem zeigen die Therapeuten viel mehr Geduld, seit wir mit Musik arbeiten. Dies ist vielleicht die bedeutendste Entwicklung.

Nahrungsmittel und Energiefelder

Wenn es zu Energieblockierungen kommt, ist der vielleicht größte Übeltäter in unserer Umwelt die denaturierte Nahrung. Die Gesundheitsindustrie ist seit einigen Jahrzehnten aktiv; viele Bücher und Fernsehinterviews haben uns die Bedeutung einer natürlichen Ernährung und der Vitamine eingetrichtert. Die Edu-Kinesthetic schlägt nicht irgendeine Diät vor, denn nur ein ausgebildeter Mediziner kann eine bestimmte Ernährung oder Vitaminergänzungsstoffe verschreiben. Vielmehr hilft die Edu-Kinesthetic bei der Entscheidung, welche Nahrungsmittel ein Höchstmaß an Energie spenden und welche schwächend wirken. Nehmen Sie selbst einmal eine Reihe von Nahrungsmitteln, die Sie normalerweise zu sich nehmen oder gerne essen würden, und legen Sie jeweils einen kleinen Bissen in Ihren Mund, ohne ihn zu schlucken. Testen Sie einen oder mehrere Muskeln, deren Zustand ohne Nahrungsmittel im Mund Sie bereits vermerkt haben und notieren Sie, wie das einzelne Nahrungsmittel auf den Muskel wirkt. Spülen Sie Ihren Mund zwischen den einzelnen Tests mit Wasser aus. Teilen Sie Ihr Aufzeichnungspapier in drei Spalten ein, denn Sie werden entdecken, daß Nahrungsmittel „stärkend", „schwächend" oder „neutral" sein können. Ein „stärkendes" Nahrungsmittel läßt einen „schwachen" Muskel „stark" werden, ein „schwächendes" „schwächt" einen „starken" Muskel, und ein „neutrales" Nahrungsmittel hat keinen Effekt auf den Muskel; er bleibt „stark" oder „schwach", je nachdem, wie er zuvor getestet wurde. Es ist zu empfehlen, Nahrungsmitteltests über einen Zeitraum von Wochen oder Monaten zu wiederholen, denn mit zunehmender Zentriertheit und Ausgeglichenheit ändern sich die Ergebnisse. Akzeptieren Sie einfach, daß im Moment dieses Nahrungsmittel bei Ihnen diese Reaktion hervorruft. Wenn Sie auf Grund der Testergebnisse ein Nahrungsmittel eliminieren und sich besser fühlen, bessere Leistungen erzielen und mehr Energie verspüren, sind die Ergebnisse für Sie signifikant.

Der M. latissimus dorsi ist der geeignetste Indikatormuskel für den Nahrungsmitteltest; es erfüllt jedoch auch jeder andere Muskel den Zweck.

Besonders geeignet ist auch der von Dr. Diamond in seinem Buch „Der Körper lügt nicht"[*] beschriebene Thymustest.

Die Kraft der Wörter

„Die Kommunikation ist zusammengebrochen." Diese berühmten Worte sind oft nur allzu wahr.

---

[*] Vgl.: Dr. Diamond, Der Körper lügt nicht, Verlag für Angewandte Kinesiologie, Freiburg 1983.

Versuchen Sie einmal, ein Buch zu schreiben oder eine Klasse zu unterrichten, und Sie werden bald feststellen, wie einfach es ist, beim Gebrauch der Sprache zweideutig zu sein. Wenn wir davon ausgehen, daß die Erfahrungen einer jeden Person einzigartig sind, so können unsere Wörter zwar dasselbe bezeichnen, jedoch vollkommen verschiedene Assoziationen bei den Beteiligten hervorrufen. Wörter, die nicht etwas Absolutes, sondern etwas Relatives ausdrücken, sind ein gutes Beispiel. Wie groß ist groß? Was ist gutes Benehmen? Wie spät ist spät wirklich?

Wenn es um Lernen oder Leistung geht, scheinen bestimmte Wörter unsere Energie zu schwächen. Diese Wörter haben negative Konnotationen oder tragen zum Versagen bei, obwohl der Bedeutung nach keine Absicht dahintersteckt. Niemand läßt sich gerne beurteilen. Wenn Sie Wörter verwenden, die ein Urteil beinhalten, verursachen sie daher unnötigen Streß.

Überprüfen Sie diese Wörter mit Ihrem Partner, indem Sie einen Muskeltest durchführen. Wenn der vorher „stark" getestete Indikatormuskel „schwach" wird, verwenden Sie die Alternative, um dasselbe auszudrücken:

Testwort	*Alternativer Ausdruck*
kann nicht	nicht fähig, unfähig
vergaß	erinnerte mich nicht
versagte	hatte keinen Erfolg
verlor	gewann nicht
Problem	Herausforderung

Natur gegen Kunststoff

In unserer Umwelt haben sich immer stärker künstliche Produkte und Synthetik durchgesetzt. Viele von uns sind jedoch so empfindlich gegenüber den Produkten der Kunststoffwelt, daß unser Energiegleichgewicht negativ beeinflußt wird. Es ist sicherlich vernünftig, die Vorteile des modernen Lebens auszunutzen, aber ebenso sollte man die Kunststoffe meiden, die nicht wirklich benötigt werden. Wir sind ein Stück Natur und dazu entwickelt, in der Natur zu leben. Je mehr wir mit der Natur in Kontakt bleiben, desto besser werden wir funktionieren. Experimentieren Sie daher mit den zahlreich vorhandenen Natur- und Kunststoffprodukten, die Sie Ihrer Meinung nach „schwächen" oder „stärken". Im folgenden sind einige der Dinge aufgeführt, die wir mit Schülern getestet haben:

Tische und Stühle: Holz im Vergleich zu Resopal und Plastik;

Schmuck: Plastik im Vergleich zu echten Edelsteinen;

Kleidung: synthetische Fasern im Vergleich zu Baumwolle, Wolle, Seide und Leder;

Künstliches Licht im Vergleich zu Sonnenlicht;

Make-up: synthetische Zusätze im Vergleich zu natürlichen.

Fernsehen

Fernsehen und Filme erfordern, daß wir auf zweidimensionale unnatürliche Weise sehen. Es stört das Gleichgewicht und verschlimmert mit Sicherheit die Lage eines Kindes, das zu Sehproblemen neigt. Muskeltests beim Fernsehschauen zeigen ständig den negativen Einfluß auf das Energiegleichgewicht. Testen Sie selbst. Wenn Sie den negativen Einfluß nicht rechtfertigen können, so schauen Sie kein Fernsehen und reduzieren Sie drastisch die Zeit, die Ihr Kind vor dem Fernseher verbringt, oder unterbinden Sie es ganz.

Menschen

Der vielleicht bedeutendste Faktor in unserer Umwelt ist unser Kontakt mit Menschen, mit denen wir zusammenleben und auf die wir bei der Arbeit und beim Spiel treffen. Hunderte von Büchern sind über dieses Thema geschrieben worden; die Zahl der Psychologen und der Berufszweige, die sich mit menschlicher Interaktion befassen, steigt immer mehr.

Mit Hilfe der Edu-Kinesthetic kann man demonstrieren, welche Kraft unsere nichtverbalen, versteckten Verhaltensweisen besitzen, wenn wir den Lebensraum einer anderen Person betreten. Oft entziehen sich diese Verhaltensweisen unserer bewußten Wahrnehmung und auch der der anderen Person und können ganz unbeabsichtigt sein. Die Ergebnisse der Muskeltests können vernünftige Leute veranlassen, ihr Verhalten zu ändern, um eine Umwelt zu schaffen, die „stärkend" anstatt „schwächend" wirkt. Wir gehen beim Test genauso vor wie bei den anderen Umweltfaktoren, nur daß wir jetzt die Kraft der Gedanken überprüfen. Schicken sie eine Person aus dem Zimmer und schreiben Sie auf getrennte Karten, in beliebiger

Reihenfolge, eine Liste von vier oder fünf Gedanken, sowohl positive als auch negative.

Zum Beispiel:
1. Du bist schön.
2. Du bist unfähig.
3. Ich liebe Dich.
4. Ich kann nicht mit Dir arbeiten.
5. Ich fühle mich heute mies.
6. Ich fühle mich gut, wenn ich bei Dir bin.
Rufen Sie die Person in das Zimmer zurück und beginnen sie den Test. Die Person, die sich die Gedanken vorstellt, testet den Muskel.

Vorgehen
1. Wählen Sie einen Indikatormuskel der „stark" testet.
2. Denken Sie Einstellung Nr. 1 einige Sekunden lang und wiederholen Sie den Test. Notieren Sie sich, ob der Muskel „stark" oder „schwach" war.
3. Wiederholen Sie alles mit den Gedanken 2, 3, 4 etc. Notieren Sie sich die Reaktionen.
4. Fielen „schwache" Reaktionen mit den negativen Einstellungen zusammen?
5. Fielen „starke" Reaktionen mit den positiven Einstellungen zusammen?
6. Zeigen Sie der Testperson die Liste und erklären Sie, was Sie gemacht haben.
Wir haben herausgefunden, daß eine Person, die einen Muskeltest durchführt, relativ ausgeglichen sein muß. Oft zeigt sich bei der Testperson

eine Schwäche, nur weil der Testende „schwach"
ist. Wenn Mütter ihre Kinder testen, stellen sie
„Schwächen" fest, die für andere nicht existieren.
Wenn dies eine Folge negativer Einstellung ist, ob
gegen den anderen gerichtet oder gegen sich
selbst, ob bewußt oder unbewußt, kann man Maßnahmen ergreifen und die Situation korrigieren.
Eine solche Maßnahme ist es, zu lernen, sich geistig in einen neutralen Zustand zu versetzen, in
dem keine bestimmten Reaktionen erwartet werden. Entspannen Sie sich einfach und führen Sie
den Test schnell durch. Das Kapitel über emotionalen Streß wird Sie eine weitere, für Kommunikation nützliche Technik lehren.

Kapitel IV
Streß und negative Gedanken

„Es schlägt mir auf den Magen."
„Es dreht mir den Magen um."
„Ich habe eine Wut im Bauch."

Unsere Alltagssprache reflektiert nur allzu gut unsere wahre Natur. Negative Gedanken werden oft zum Magen geleitet und durch ihn erfahren. Sei es nun Sorge, Angst, unangenehme Erinnerungen oder ein geringes Selbstwertgefühl, die Emotionen lassen sich dort nieder, ob wir es wollen oder nicht. Physisch können diese Emotionen bei fortschreitender Belastung zu Magenschmerzen, Magenverstimmungen, Geschwüren und möglicherweise zu noch ernsteren Problemen führen.

Warum beeinträchtigt der „Streß" unser Leben? Neurologisch haben wir uns so entwickelt, daß wir auf Streß mit einem Überlebensinstinkt reagieren. Die „fight or flight"(Kampf oder Flucht)-Reaktion wird vom limbischen System, einem Zentrum im Gehirn, kontrolliert, das sich über dem Gehirnstamm befindet, physisch jedoch weder ein Teil der rechten noch der linken Gehirnhälfte ist. Es kontrolliert u. a. die sympathischen/parasympathischen Nerven, die wiederum die inneren Organe (Herz, Lunge, Leber, Eingeweide etc.) und die Blutgefäße im Körper kontrollieren. Normalerweise bestimmt ein „automatischer Pilot" unsere Handlungen; wir handeln nach Reiz-Reaktions-Mustern, die Entscheidungen eliminieren. Wenn wir jede Handlung überdenken müßten, würden wir morgens nie aus dem Bett kommen. Um zu überleben, lernt der Körper eine Art Computerprogramm für alle Situationen, die er jemals durchgemacht hat.

Stellen Sie sich vor, daß Sie zu einem Kampf herausgefordert werden: Blut schießt in das Gesicht, den Nacken, die Arme und die Brust, um Sie auf eine physische Konfrontation vorzubereiten. Deshalb läßt Wut unser Gesicht rot anlaufen.

Wenn wir Angst haben, tritt das Gegenteil ein: dem Oberkörper wird Blut entzogen, um Energie für das Fortlaufen bereitzustellen. In extremen Fällen werden wir bleich im Gesicht, sprachlos, wir stottern oder vergessen alles. Man kann sagen, daß Kampf eine primitive Reaktion der linken Gehirnhälfte und Flucht eine der rechten ist; die Entscheidung wird jedoch nicht bewußt getroffen. Beides sind korrekte Reaktionen des Organismus auf Gefahr, die jedoch im alltäglichen, zivilisierten Leben nur selten notwendig werden.

Streßreduzierung

Yoga und Meditation sind erfahrungsgemäß Methoden, die in der Lage sind, Streß zu lindern.

Befürworter dieser Techniken behaupten, daß streßbedingte Krankheiten eliminiert und die Leistungen in allen Bereichen verbessert werden können, wenn man diese Disziplinen erlernt. Biofeedback-Aufzeichnungen von Elmer Green[*] enthüllten, daß der Yogi, wenn er sich konzentriert und

---

[*] Elmer und Alyce Green, Biofeedback – eine neue Möglichkeit zu heilen. Erschienen im Bauer Verlag, Freiburg.

meditiert, bewußte Kontrolle über die Aktivitäten des limbischen Systems ausübt, die gewöhnlich unbewußt gesteuert werden. Indem Fakire bewußt Blut und Energie zu verschiedenen Organen und Körperteilen dirigieren, ist es ihnen möglich, ihre „Zaubertricks" vorzuführen, wie z. B. auf Nägeln zu liegen, ohne zu bluten. Mit Hilfe des Biofeedback kann der moderne Mensch dieselben Fähigkeiten erwerben, denn es ermöglicht ihm zu „wissen", wann er eine bewußt gesteuerte Veränderung in seinem System erzeugt hat. Die Edu-Kinesthetic bietet eine ähnliche Art von Feedback ohne elektronische Ausstattung.

In den dreißiger Jahren entdeckte Dr. Bennet, ein Chiropraktiker, daß man durch Berühren bestimmter Punkte am Kopf die Blutzufuhr zu bestimmten Organen beeinflussen kann. In den sechziger Jahren fand Dr. George Goodheart, der Vater der Angewandten Kinesiologie, heraus, daß er einen „schwachen" Muskel „stärken" konnte, indem er die entsprechenden „Bennett-Reflex-Zonen" stimulierte. Der „schwache" Muskel zeigt an, daß sich die Blutversorgung im Körper nicht im Gleichgewicht befindet, da vielleicht übermäßige Mengen den von der „fight or flight"(Kampf oder Flucht)-Reaktion beeinflußten Körperregionen zugeführt und gleichzeitig anderen Regionen entzogen werden. Berührt man die entsprechenden „Bennett-Reflex-Zonen", wird der Blutfluß „normalisiert"; dies zeigt der nun „starke", „sperrende" Muskel an.

Wenn der Überlebensinstinkt bedroht ist, kann

sicherlich kein Lernen stattfinden, und egal welchen Beruf man ausübt, man kann keine gute Leistung erzielen. Eltern, Lehrer, Arbeitgeber und „das System" „heizen" uns jedoch ständig ein. Emotionaler Streß ist oft der ausschlaggebende Faktor bei Muskelunausgeglichenheiten und solange der Streß nicht gelindert wird, ist kein anhaltendes Ausbalancieren des Muskels möglich. Wenn man aber entspannt ist, die Organe normal arbeiten und man sich nicht bedroht fühlt, wird man ein Selbstverständnis entwickeln können, daß man Unterrichtung, Korrekturen und Gelegenheiten zu Wachstum und Veränderung akzeptiert.

In der Edu-Kinesthetic ist der M. pectoralis major clavicularis der Testmuskel für emotionalen Streß (siehe Kap. II). Wenn der Muskeltest eine „Schwäche" ergibt, kann man mit Sicherheit annehmen, daß bei dieser Person Streß vorliegt. Man kann ihr diese Information weitergeben, aber es ist nicht unbedingt notwendig, könnte dies doch ihre Lage noch mehr verschlimmern. Berühren Sie statt dessen die beiden Stirnbeinhöcker der Testperson wie in Abb. 8 angezeigt. Üben Sie gerade nur so viel Druck aus, daß die Haut leicht gedehnt wird, und fühlen Sie den leichten Puls unter der Haut auf beiden Seiten. Nach John Thie hängt dieser Puls nicht mit dem Herzschlag zusammen; es handelt sich wahrscheinlich um einen primitiven Puls der sehr kleinen Kapillargefäße in der Haut. Wenn sie den Puls auf beiden Seiten erfühlt haben, berühren Sie die Stirnbeinhöcker so lange, bis das Pulsieren auf beiden Seiten synchron ist.

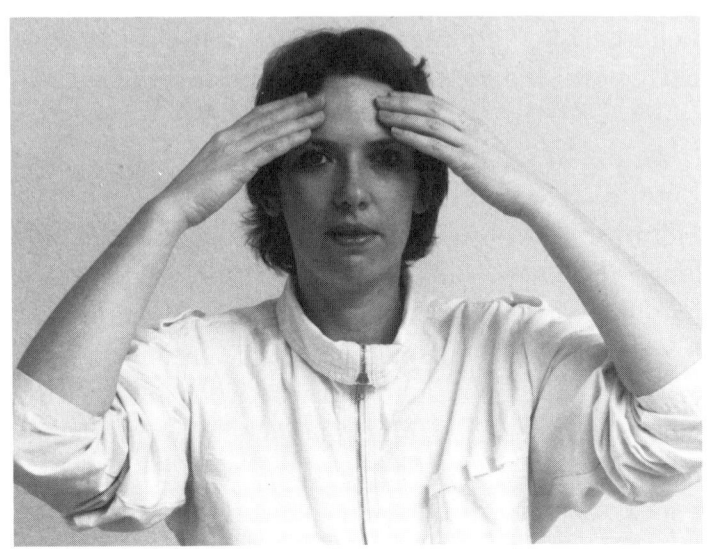

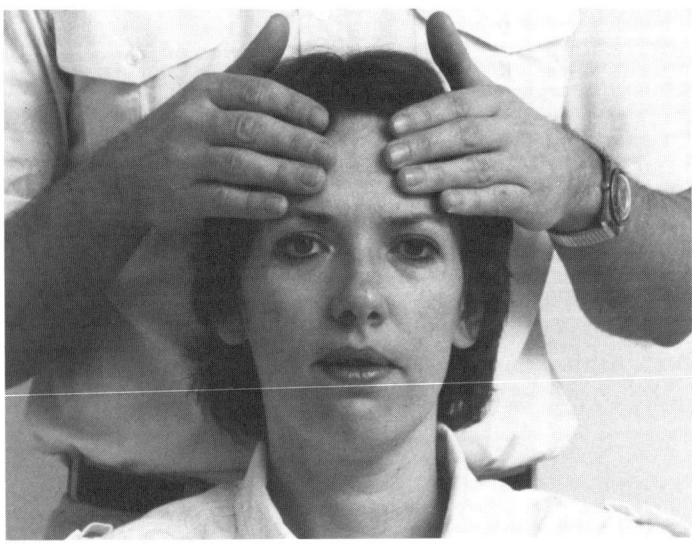

Abb. 8: Die Position der Hände auf den Stirnbeinhöckern zur Linderung von emotionalem Streß.
Die Punkte liegen etwa in der Mitte einer gedachten Linie zwischen Augenbrauenmitte und Haaransatz.

Dies kann zwanzig Sekunden bis zu zehn Minuten, in manchen Fällen auch mehr Zeit in Anspruch nehmen, je nachdem, wie groß der Streß ist. Achten sie auf die Veränderungen bei der Testperson nach der Anwendung dieser Technik. Wenn sie vorher unfähig war zu lesen oder zu sprechen, kann sie sich nun konzentrieren und in normalem Ton sprechen. Es fällt ihr leichter, geistig mit dem Streß fertig zu werden und einen vernünftigen Handlungsplan durchzuführen, der eine Lösung des Problems bieten kann. Es ist ein ähnliches Ergebnis wie durch die Meditation des Yogis erzielt worden; das Feedback erhält man durch einen erneuten Test des M. pectoralis major clavicularis. Er „sperrt" nun und zeigt damit an, daß das emotionale Gleichgewicht wiederhergestellt wurde. Das Problem mag zwar noch bestehen, aber die emotionale Antwort darauf ist nun eine andere, und die Testperson kann es leichter angehen, ohne daß der Körper darauf wie bei einer Überlebensbedrohung reagiert.

In der Edu-Kinesthetic wird viel Wert auf die präventiven und therapeutischen Anwendungen dieser Technik zur Linderung von emotionalem Streß gelegt. Das Berühren der Stirnbeinhöcker und der Test des großen Brustmuskels (M. pectoralis major clavicularis) verbinden dabei die Aspekte der Meditation und des Feedback. Sie können diese Methode mit einem Partner durchführen oder auch allein, wenn kein Partner zur Verfügung steht.

Vorgehen zur Linderung von emotionalem Streß

1. Wählen Sie entweder den „starken" M. pectoralis major clavicularis oder den M. supraspinatus als Testmuskel.
2. Bitten Sie die Testperson, an etwas für sie Negatives zu denken.
3. Testen sie den Muskel erneut: Er wird „schwach" sein.
4. Berühren Sie die Stirnbeinhöcker, wie oben beschrieben, einige Minuten.
5. Testen Sie den Muskel erneut: Er wird „stark" sein.
6. Geben Sie der Testperson die Anweisung, wieder an das für sie vorher Negative zu denken.
7. Testen Sie den Muskel: Er sollte „stark" bleiben.

Anwendungsmöglichkeiten, während gleichzeitig die beiden Stirnpunkte berührt werden:

1. *Rollenspiel*
   Lassen Sie eine vergangene negative Erfahrung wie einen Film gedanklich ablaufen, bis Ihr Indikatormuskel „stark" testet.
2. *Streßvorwegnahme*
   Tests, Vorlesen oder Interviews können so lange geprobt werden, bis Ihr Indikatormuskel „stark" testet.
3. *Veränderung der Reaktion gegenüber bestimmten Personen*
   Denken Sie an den Namen und das Gesicht der Person, bis Ihr Indikatormuskel „stark" testet.

4. *Veränderung der Reaktion auf negative Umwelt-faktoren*

Stellen Sie sich den negativen Faktor so intensiv wie möglich vor, und so lange, bis Ihr Indika-tormuskel „stark" testet.

Bei jedem scheint eine ganz eigenartige Ursache für das „Schwachwerden" von Muskeln verant-wortlich zu sein, sei sie geistiger, physischer oder seelischer Natur. Wenn der Grund im Selbstver-trauen liegt und der „Kampf oder Flucht"-Mecha-nismus zu stark ausgeprägt ist, kann die einfühlsa-me Anwendung der Technik mit den Stirnbeinhök-kern mit der wohltuendste Teil der Edu-Kinesthe-tic sein.

Kapitel V
Überkreuz-Bewegungsmuster

„Legasthenie" und Lernbehinderungen

Nachdem ich an einem „Touch for Health"-Kurs („Gesund durch Berühren") unter der Leitung von Dick Harnack teilgenommen hatte, erkannte ich zum ersten Mal, daß die Überkreuz-Bewegungstechnik bei Lernschwierigkeiten helfen kann. In dem Kurs, in dem Dick die „Überkreuz-Bewegung" zeigte, stellte ich mich als Testperson zur Verfügung; die Erfahrung, daß ich durch dyslaterale (gegenseitige) und homolaterale (einseitige) Bewegungen „gestärkt" und „geschwächt" wurde, faszinierte mich so, daß ich mich entschloß, die Methode in meine Therapie zu integrieren. Der erste Schüler, den ich die Überkreuz-Bewegung lehrte, war Judy, eine fünfzehnjährige „Legasthenikerin", die an jenem Tag besondere Schwierigkeiten mit einem Lesebuch der vierten Klasse hatte. Nachdem Sie die Überkreuz-Bewegung durchgeführt hatte, klingelte das Telefon; ich stand mit dem Rücken zu ihr, als sie laut zu lesen begann. Zu meiner Verwunderung las nun eine Stimme, die sich ganz anders anhörte, die nun von perfektem Ausdruck, Worterkennung und Verständnis gekennzeichnet war. Es war eine andere Judy, sie war entspannt, selbstsicher und zuversichtlich. Die Überkreuz-Bewegung hatte ein Gleichgewicht geschaffen und ihr Leistungsvermögen erhöht. Aber warum mußte sie überhaupt ins Gleichgewicht gebracht werden? Und was bewirkt solch eine Ausbalancierung beim „Legastheniker"? Diese Fragen führten zu intensiven Forschungen und Untersuchungen in unserem Zentrum.

Jetzt – fast ein Jahr später – liegen die Antworten auf meine Fragen vor; sie sind gleichermaßen einfach wie revolutionär. Diagnose, Beratung und Therapie sind nun ein freudiges Abenteuer. Lehren und Lernen müssen nie mehr Plackerei sein. „Legastheniker" strengen sich zu sehr an. Aus Angst vor Versagen oder unter Erfolgsdruck konzentrieren sie sich zu stark und schalten jede periphere Information aus, während sie sich auf die eine Sache stürzen. „Legastheniker" sind ganz einfach Experten in Energieblockierung. Von der Geburt an haben sie ein niedriges Energieniveau durch unzureichende Informationsverarbeitung ausgeglichen. Leichtes Lernen erfordert, daß die Funktionen der linken und der rechten Gehirnhälfte aufeinander abgestimmt sind, so daß das Ganze mehr als die Summe seiner Teile darstellt. Die linke Hemisphäre muß sich der Sprache und des Verständnisses bewußt sein, die rechte Hemisphäre muß sich mit den Symbolen und der Kodierung beschäftigen. Dies geschieht automatisch und unbewußt.

Indem man die Muskeln ins Gleichgewicht bringt, ermöglicht man dem „Legastheniker", zum ersten Mal angemessen zu lesen und zu schreiben, da man anscheinend dafür sorgt, daß alle Informationsverarbeitungssysteme ständig funktionieren. Dadurch, daß man die Bedeutung der Händigkeit und der Dominanz beim Lesen falsch interpretiert hat, hat sich die Behandlung der „Legasthenie" bisher auf das Training der linken Gehirnhälfte konzentriert, wobei man hauptsächlich Gliederungs-, Ordnungs- und Phonetik-Übungen einsetzte. Man lehrt den „Legastheniker", bestimmte Sprechlaute mit Schreibsymbolen zu verknüpfen. Für die meisten echten „Legastheniker" ist dies auf Grund der Komplexität der Sprache ein hoffnungsloses Unterfangen und bewirkt, daß sie nur noch mehr geblockt werden.

Pioniere auf dem Gebiet der Legasthenieforschung, wie z. B. Orton und Delacato, und die meisten anderen Pädagogen haben die Bedeutung der rechten Gehirnhälfte beim Lernen und der Informationsverarbeitung übersehen. Die rechte Hemisphäre beinhaltet die intuitiven, spontanen, rhythmischen und expressiven Aspekte. Sie öffnet den Körper für ein totales Bewußtsein. Wenn die rechte Gehirnhälfte funktioniert, fließt die Energie durch den ganzen Körper, die Muskeln befinden sich im Gleichgewicht, und das Universum wird als „Gestalt" oder Ganzes wahrgenommen. Die Details sind weniger wichtig als die Wahrnehmung der Bedeutung. So lernen Kinder die Sprache. Es gibt kein „Sich-Anstrengen", um durch eine Synthese von Teilen ein Ganzes zu bilden. Dies wird vom Kind selbst von Natur aus geleistet, während es wächst und Vertrauen in die Selbstdarstellung gewinnt. Sei es wegen eines Geburtstraumas, eines angeborenen Defekts, emotionalen Stresses oder Hyperaktivität, bei „Legasthenikern" sind die rechte und die linke Gehirnhälfte nicht aufeinander abgestimmt, wenn sie sich mit Symbolen befassen. Einige können sich Wörter bis zu einem gewissen Grad einprägen, sie jedoch weder schreiben noch buchstabieren; andere können durch Lautsynthese lesen und buchstabieren, aber die Wörter nicht als Ganzes erkennen und sich vorstellen.

Wenn der „Legastheniker" sich nicht im Gleichgewicht befindet und „blockiert", erschwert man nur das Probem, wenn man ihn etwas machen läßt, für das die linke Gehirnhälfte verantwortlich ist. Da die rechte Gehirnhälfte nicht funktioniert, kann er seine kreativen Fähigkeiten und sein Vorstellungsvermögen nicht entfalten, er ist unfähig, Dinge als „Ganzes" zu sehen, da er sich zu sehr anstrengt, zu analysieren und einzelne Details zu erkennen. Er lernt nicht, wie man Erkenntnis und Einsicht anwendet, um über die wörtliche Ebene hinaus zu kommunizieren. Er gebraucht zu wenig Imagination und Visualisation. Wenn er sich aber im Gleichgewicht befindet und über ein höheres Energieniveau verfügt, kann er sich leichter entspannen und die Integration der Hemisphären bei der Beschäftigung mit Symbolen erfahren. Er lernt, daß „Anstrengung" nur Energie blockiert. Er erkennt, daß er weit mehr weiß, als er dachte, und daß er es nur auf Grund von selbstverursachtem Streß und Blockierung nicht herausbringen konnte. Er lernt, daß Lesen Spaß macht und leicht ist, wenn sich die Körperenergien im Gleichgewicht befinden und frei fließen.

Fallbeispiel: Don, ein „Legastheniker"

Als Don, 29 Jahre alt, zu mir kam, entsprach seine Leseleistung kaum dem Niveau eines Drittkläßlers; so zeigte er beim Lesen jeweils auf das einzelne Wort. Er hatte einen Spezialisten nach dem anderen, eine Klinik nach der anderen aufgesucht und dabei ein Vermögen ausgegeben. Er hatte das Gefühl, daß sie zwar wissenschaftliches Interesse an seinem Fall zeigten, ihm aber nicht helfen konnten. Man sagte ihm, daß seine visuelle Wahrnehmung schlecht sei und daß er nie imstande sein werde, zu lesen. Dons Körperhaltung war schlecht, seine Schultern waren zusammengefallen und sein Nacken verkürzt, da er jahrelang seinen Kopf kaum gedreht hatte. Die Muskeln supraspinatus, pectoralis-major-clavicularis und latissimus-dorsi waren beidseitig „schwach", ein Muster, das 90 % meiner Klienten kennzeichnet. Don klagte über ein Engegefühl in der Brust bei Streßbelastung. Lesen und Schreiben führten zu Kurzatmigkeit und einem Gefühl von Steifheit in der rechten Körperseite; das Lesen bedeutete für ihn offensichtliche harte körperliche Arbeit. Die Überkreuz-Bewegungen halfen Don sofort, er wurde immer entspannter und berichtete, daß sein Rücken sich seit Jahren zum ersten Mal irgendwie gut anfühlte.

Nach sechs Monaten Training entspricht Dons Leseleistung dem Niveau der sechsten Klasse. Er liest fließend und leicht. Er ist sich seines Körpers bewußt und bleibt ausgeglichen, indem er sich selbst reguliert. Ein Lehrer, der emotionale Unterstützung und Verstärkung gibt, ist nicht mehr notwendig. Er mag noch viel über Lesen und Schreiben zu lernen haben, aber dies wird sich mit der Zeit und aufgrund seiner Anstrengung bessern. Er weiß, daß er kein „Legastheniker" mehr ist, und das ist im Moment für ihn das Wichtigste.

Wie sieht das Überkreuz-Bewegungsmuster oder die Überkreuz-Bewegung aus?

Das Überkreuz-Bewegungsmuster kennzeichnet jede rhythmische, ausgeglichene Bewegung, die verlangt, daß man die rechte und die linke Körperseite dynamisch in Beziehung bringt, während

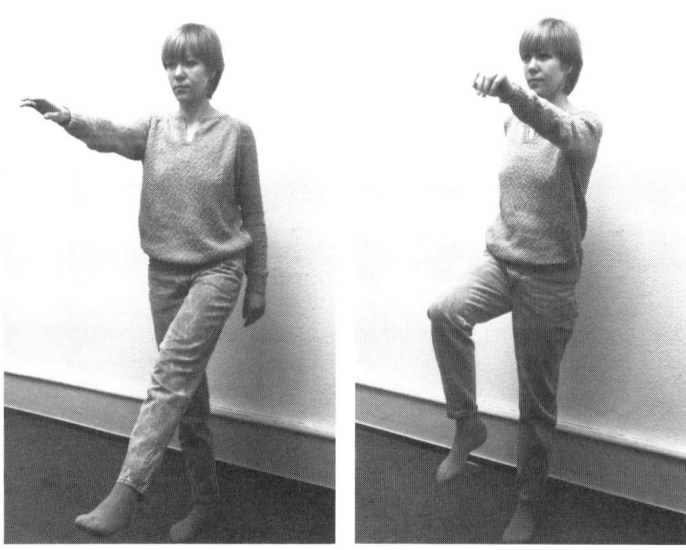

Abb. 9: Das Überkreuz-Bewegungsmuster kennzeichnet jede rhythmische ausgeglichene Bewegung, bei der man die rechte und die linke Körperseite in eine dynamische Beziehung bringen muß, während man sich zugleich der oberen und der unteren Körperhälfte bewußt ist. Es werden dabei Gehbewegungen im Stehen ausgeführt.

man sich zugleich des oberen und des unteren Teils des Körpers bewußt ist (siehe Abb. 9).

Die Überkreuz-Bewegung erfordert, daß das Gehirn die Muskeln zum richtigen Zeitpunkt arbeiten läßt; es muß ein Feedback und ein „Feedforward" von und zum Muskel vorhanden sein, damit die Übung durchgeführt werden kann. Das Kind erwirbt diese höchst komplizierte dyslaterale Integration während der Kriechphase, vor dem Laufen. Ihr liegt dieselbe Kooperation der Gehirnhemisphären zugrunde, die auch für das Lesen und Schreiben notwendig ist. Anscheinend haben die meisten „Legastheniker" dieses Überkreuz-Bewegungsmuster nicht internalisiert und deshalb Schwierigkeiten, die Bewegung auszuführen. Es ist leicht, diese Entwicklungsstufe in der Kindheit zu überspringen und trotzdem ganz normal zu funktionieren, denn die meisten Aktivitäten erfordern keine synchronisierten Gehirnaktivitätsmuster. Hat man aber erst einmal diese Entwicklungsstufe erreicht, scheint man ständig dafür belohnt zu werden (siehe Abb. 10).

Wer sollte die Überkreuz-Bewegung durchführen?

Die Überkreuz-Bewegung, eine ganz normale motorische Aktivität, tut jedem gut; sie macht Spaß und entspannt. Immer, wenn Sie sich angespannt, nervös oder müde fühlen, ob zu Hause, in der Schule oder am Arbeitsplatz, können Sie diese Bewegung ausführen. Wenn Sie von einem Schüler erfahren, daß er Schwierigkeiten mit dem Lesen

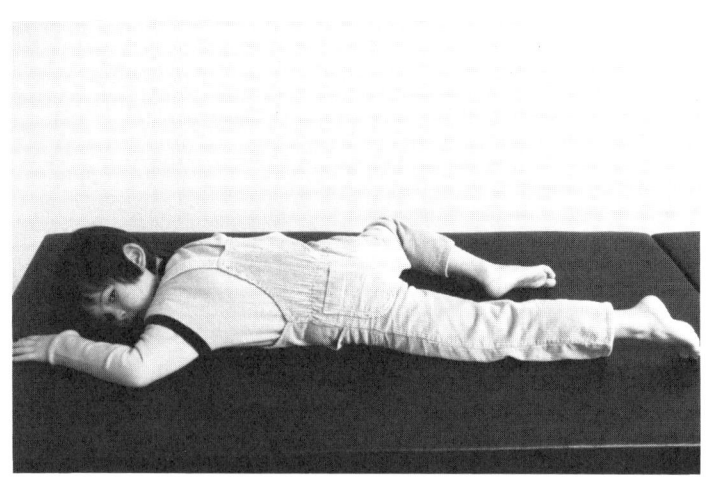

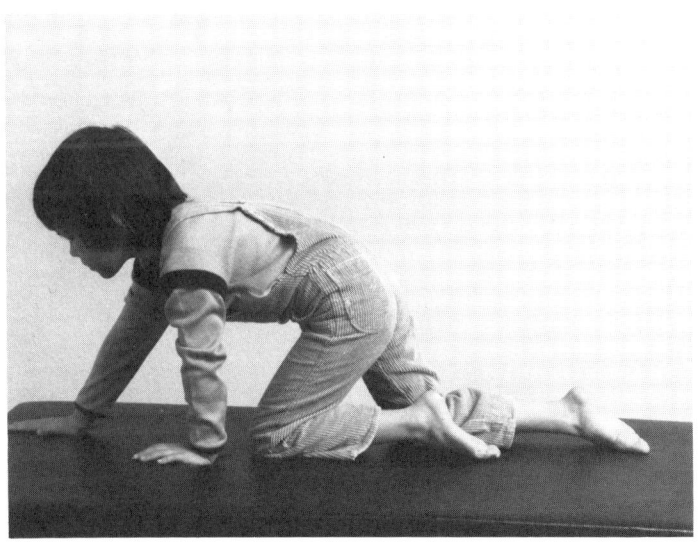

Abb. 10: Kriechen und Krabbeln. Der Kopf wird in Richtung des vorne befindlichen Arms gedreht.

oder Widerwillen dagegen zeigt, wird er wahrscheinlich auch Schwierigkeiten mit der Überkreuz-Bewegung haben.

Wenn einer der Indikatormuskeln, besonders der M. supraspinatus, „schwach" ist, mag auch er ein Kandidat für die Überkreuz-Bewegung sein.

Empfohlenes Vorgehen

1. Testen Sie die Indikatormuskeln. Stellen Sie vorhandene „Schwächen" fest.

2. Demonstrieren Sie die Überkreuz-Bewegung und beobachten Sie, ob die Testperson eine bilaterale Bewegung (Arm und Bein der entgegengesetzten Seiten) oder eine homolaterale Bewegung (Arm und Bein derselben Seite) ausführt.

3. Im Falle einer homolateralen Bewegung demonstrieren Sie noch einmal die bilaterale Bewegung. Die Testperson soll beobachten, wie Sie den Arm und das Bein der entgegengesetzten Seiten zugleich heben, so als würden Sie auf Händen und Knien auf dem Boden krabbeln, und versuchen, die Bewegung gedanklich nachzuvollziehen und zu fühlen.

4. Wenn die bilaterale Bewegung nicht gelingen sollte, mag es notwendig sein, die Testperson die Überkreuz-Bewegung in der Rückenlage mit Ihrer Hilfe ausführen zu lassen (siehe Abb. 11).

5. Nachdem die Überkreuz-Bewegung nach einer der oben aufgeführten Methoden durchgeführt wurde, testen Sie die Indikatormuskeln erneut.

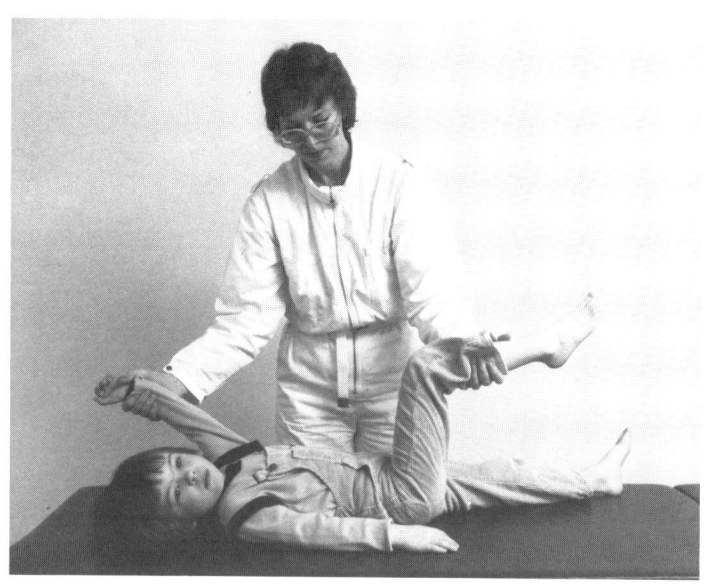

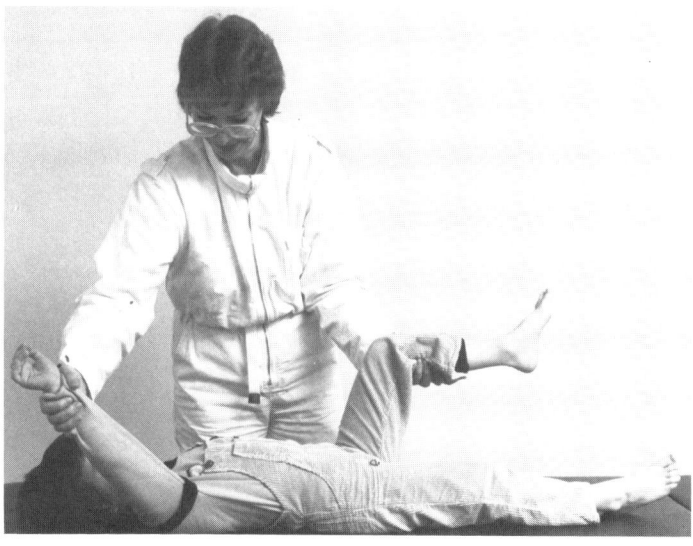

Abb. 11: Die Bewegungsausführung in der Rückenlage ist die therapeutisch wirksamste Methode.

Wenn die Muskeln nun „stark" testen, so fällt es der Testperson leichter zu verstehen, daß die Überkreuz-Bewegungen entwicklungsmäßig Voraussetzung für normales intellektuelles Funktionieren sind.

6. Bitten Sie die Testperson, Homolateral-Bewegungen durchzuführen, und testen Sie einen Indikatormuskel. Wenn er „schwach" testet, macht die Testperson die Erfahrung, wie leicht man in seinen Funktionen beeinträchtigt werden kann.

7. Zeigen Sie, wie man sich „stärkt". Betonen Sie, daß neben der rein physischen Ausführung der Bewegung nach einem der in den Abb. 9–14 gezeigten Muster auch der mentale Aspekt zu beachten ist.

Es ist notwendig, daß man bewußte mentale Prozesse in Gang setzt, um dafür zu sorgen, daß die Energie auf die richtige Art fließt.

a) Stellen Sie sich vor, Sie führen die Überkreuz-Bewegung aus. Ergibt der Test eine „Stärkung" oder eine „Schwächung" der Muskeln?

b) Stellen Sie sich vor, Sie führen eine homolaterale Bewegung aus. Ergibt der Test eine „Stärkung" oder eine „Schwächung" der Muskeln?

c) Stellen Sie sich eine Figur vor, die ein Kreuz enthält, z. B. ein X. Testen Sie danach „stark" oder „schwach"?

d) Stellen Sie sich zwei parallele Linien vor, z. B. die Zahl 11. Testen Sie danach „stark" oder „schwach"?

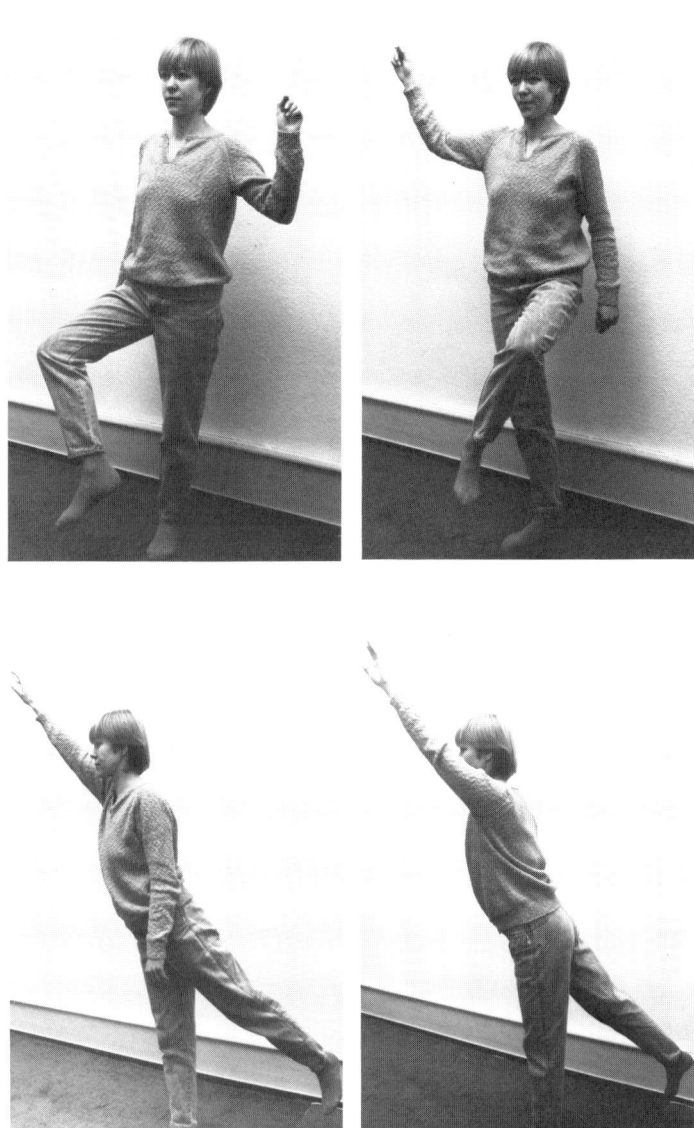

Abb. 12: Zwei Überkreuzungs-Bewegungsmuster, die man auch mit musikalischer Begleitung ausführen kann.

Abb. 13: Zwei Überkreuz-Bewegungsmuster, die auch mit musikalischer Begleitung ausgeführt werden können.

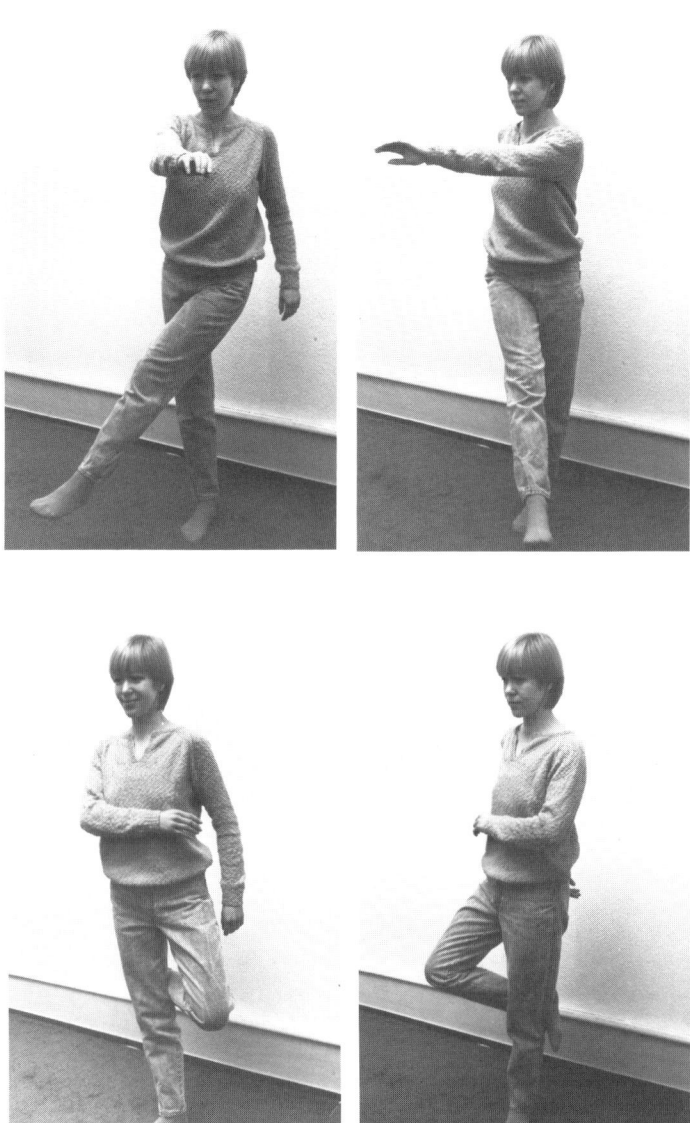

Abb. 14: Zwei Überkreuz-Bewegungsmuster, die auch mit musikalischer Begleitung ausgeführt werden können.

Lehr- und Lernvorschläge

Die Überkreuz-Bewegung ist am leichtesten zu lehren, wenn der Schüler auf einer Stelle bleibt oder im Raum umhergeht. Die Arme und Beine sollen schwungvoll gehoben werden, wobei ein Gefühl der Leichtigkeit auf den Füßen notwendig ist (siehe Kap. VI). Auf diese Art ausgeführt, sind die Überkreuz-Bewegungen bequem, können vom Lehrenden leicht kontrolliert werden und bereiten den Teilnehmern viel Spaß. Muskeltests haben bewiesen, daß diese Methode in den meisten Fällen ausreicht, die nötige Balance herzustellen, um die Lernfähigkeit zu verbessern. Wenn jemand Schwierigkeiten mit der Ausführung der Bewegung hat, wird Ihr Verständnis für den Prozeß, den die entsprechende Person durchläuft, helfen, die Bewegung zu meistern.

Entwicklungsmäßig fühlt sich jemand, der Schwierigkeiten mit der Überkreuz-Bewegung hat, auf der homolateralen Stufe wohler, wenn also Arm und Bein derselben Seite reflexartig gleichzeitig bewegt werden. Es entspricht der Phase, in der das neugeborene Kind auf dem Rücken liegend die Gliedmaßen gleichzeitig bewegt. Die Bewegung kennzeichnet auch die Phase, in der das Kind auf dem Bauch krabbelt, mit dem Kopf auf dem Boden, so daß es jeweils nur mit einem Auge sieht. Wenn eine Person nach Homolateral-Bewegungen „stark" und nach Überkreuz-Bewegungen „schwach" testet, befindet sie sich neurologisch mit Sicherheit auf dieser Stufe.

Viele Menschen mit homolateralem Bewegungsmuster haben gelernt, ein Auge zu vernachlässigen oder „abzuschalten". Wenn es jedoch gelingt, beide Augen „einzuschalten" (siehe Kap. VI), kann die Überkreuz-Bewegung augenblicklich und wie durch Zauber ganz leicht ausgeführt werden. Wenn das der rechten Gehirnhälfte zugeordnete Auge richtig funktioniert, kann man die Bewegung gleichzeitig fühlen und sich gedanklich vorstellen.

Die Überkreuz-Bewegung muß so lange geübt werden, bis sie vollkommen automatisiert ist und nur noch minimale Analyse erfordert. 25 Wiederholungen der Bewegung, drei- bis viermal pro Tag, reichen aus. In hartnäckigen Fällen hat es sich bewährt, die „gestärkte" Person sich nur auf homolaterale Art bewegen zu lassen und sie anzuweisen, über das, was sie macht, nachzudenken. Die wiederholte Analyse der Bewegungen, wie z. B. „rechter Arm und rechtes Bein hoch, linker Arm und linkes Bein hoch, etc.", ermüdet schnell und macht die Überkreuz-Bewegungen attraktiver. Dieser Extinktionsprozeß dauert gewöhnlich nur einige Tage. Ein erneuter Test, sei es nun nach einem Monat, sechs Monaten oder einem Jahr, wird ergeben, daß die Überkreuz-Bewegung „stärkt" – ein Anzeichen für Hemisphären-Integration und vollkommenes Bewußtsein im streßfreien Zustand. Die Person mit homolateralem Bewegungsmuster ist „abgeschaltet". Da sie bei der Bewegung nicht analytisch denken muß, ist sie „stärker", wenn sie eine Reflexhandlung wiederholt, die sie in der Kindheit gelernt hat. Wenn sie jedoch über die Überkreuz-Bewegung nachdenken muß, muß sie ihre rechte Gehirnhälfte ausschalten, und die linke Gehirnhälfte konzentriert sich auf die höhere Aufgabe. Immer wenn analytische Gedankenprozesse „Streß" verursachen, muß man den Teil des Gehirns abschalten, der die Bewegung fühlt; die Muskeln sind dann „schwach". Für die Weiterentwicklung von der homolateralen zur bilateralen Stufe muß man die Gedankenprozesse, die das „Abschalten" verursachen, umdrehen. Man muß analytisch denken, um sich homolateral zu bewegen, anstatt die Bewegung reflexartig auszuführen; und man muß die bilaterale Bewegung automatisch ausführen können und dabei „stark" bleiben. Die Methoden der Edu-Kinesthetic veranlassen diese Entwicklung.

Margaret, eine Frau in den Dreißigern, wies ein homolaterales Bewegungsmuster auf. Sie testete „stark" nach Strecksprüngen oder wenn sie auf der Stelle ging und dabei jeweils Arm und Bein derselben Körperseite hob. Sie testete „schwach", wenn man sie bat, eine Überkreuz-Bewegung auszuführen. Ihre Augenbewegungen ließen erkennen, daß die Homolateral-Bewegung kein analytisches Denken erforderte, denn ihre Augen waren nach links gerichtet und aktivierten damit ihre rechte Gehirnhälfte (siehe Kap. VII). Sie führte die Bewegung rein reflexartig aus. Wenn man sie bat, eine Überkreuz-Bewegung auszuführen, war sie verwirrt und zögerte; sie schaute nach rechts, aktivierte also ihre linke Gehirnhälfte, und ihr Körper wirkte steif und verkrampft. Die Überkreuz-Bewegung erforderte ihre ständige Konzentration, um die Körperbewegungen kontrollieren zu können.

Ich erklärte ihr, welche Prozesse in ihr ablaufen, und schlug ihr vor, mit ihren Augen das Gegenteil zu machen und die homolaterale Bewegung stärker zu analysieren, während sie nach rechts schaute. Weiterhin empfahl ich ihr, bei der Überkreuz-Bewegung nach links zu schauen und sich die Bewegung beim Üben auch bildlich vorzustellen und sie zu fühlen. Als sie die Überkreuz-Bewegung auf diese Art ausführte, testete sie sofort „stark" und überwand auch ihre Zaghaftigkeit vor integrierten Lernaktivitäten.

Bewertung der Ergebnisse

1. Verbessern sich Lesen und Schreiben sofort?
2. Wird die Überkreuz-Bewegung automatisch durchgeführt, ohne daß Demonstrationen notwendig sind?
3. Ist der Indikatormuskel „stark" und sperrt er, ohne daß die Überkreuz-Bewegung unmittelbar zuvor ausgeführt wurde? Neurologische Ablaufmuster werden gestärkt, die innere Koordination verbessert, und neue wohltuende und ausgeglichene Gewohnheiten entwickeln sich.

(Siehe Abb. 12–14; sie zeigen Überkreuz-Bewegungen, die man mit musikalischer Begleitung ausführen kann.)

Die „Dennison-Lateralitäts-Bahnung"

Anmerkung d. Herausgeber

Die Überkreuz-Bewegungen waren in Tausenden von hoffnungslosen Fällen sehr hilfreich, um die normale neurologische Funktion wiederherzustellen. Zu der Zeit, als dieses Buch geschrieben wurde, war jedoch noch nicht bekannt, warum die Überkreuz-Bewegungen in manchen Fällen keine Fortschritte brachten. Dieses Geheimnis ist nun aufgrund neuester Erkenntnisse von Dr. Dennison seit kurzer Zeit gelüftet und soll dem Leser hier nicht vorenthalten werden.

Die Überkreuz-Bewegung muß im Zusammenhang mit der Gehirndominanz betrachtet werden. Die Bewegung hilft nur denjenigen, welche sie automatisch und ohne bewußte Anstrengung ausführen können. Nur diejenigen, die als Kind im Stadium der Rechts-Gehirn-Dominanz krabbeln lernten, scheinen davon zu profitieren. 40 Prozent oder mehr werden Links-Gehirn-Dominant und testen „schwach" nach der Überkreuz-Bewegung. Das ist ein Hinweis, daß die Integration der Gehirnhemisphären nicht stattgefunden hat. Bei anderen wiederum kann es vorkommen, daß die Bewegung nur auf einige Muskeln einen „stärkenden" Effekt ausübt und andere Muskeln „schwächt". Dies ist ein Hinweis dafür, daß bei ihnen die Bewegung nicht so hilfreich ist, wie sie sein sollte. In der EK wurde die „Dennison-Lateralitäts-Bahnung" eingeführt. Sie sollte bei jedem überprüft werden, denn sie korrigiert alle Widersprüchlichkeiten bei jedem individuell für sein entsprechendes Bewegungsmuster. Sie erzielt eine Rechts-Gehirn-Dominanz während der Bewegung, ist anhaltend und ermöglicht wahre hemisphärische Integration für diejenigen, die das vielleicht noch nie erlebt haben.

Durchführung der „Dennison-Lateralitäts-Bahnung":

1. Testen Sie M. deltoideus, M. supraspinatus, M. latissimus dorsi und M. pectoralis major clavicularis beidseitig, und notieren Sie die Ergebnisse.

2. Lassen Sie einige Überkreuz-Bewegungen ausführen und testen Sie sofort anschließend dieselben Muskeln nochmals. Notieren Sie die Ergebnisse.

3. Nun lassen Sie einige Homolateral-Bewegungen ausführen, testen wieder gleich im Anschluß alle Muskeln und notieren die Ergebnisse.

Wenn die Überkreuz-Bewegungen einen oder mehrere Muskeln, die zuvor „stark" testeten, „schwach" werden ließen oder/und die Homolateral-Bewegung einen oder mehrere Muskeln, die zuvor „schwach" gestestet hatten, „stark" werden ließen oder zuvor „stark" getestete Muskeln „stark" ließen, liegt ein homolaterales Bewegungsmuster vor, und Sie sollten folgende Korrektur durchführen:

a) Überkreuz-Bewegung ausführen, dabei blicken die Augen nach links oben, während der Kopf gerade bleibt.

b) Homolateral-Bewegung ausführen, dabei blicken die Augen nach rechts unten, während der Kopf gerade bleibt.

(Bei Linkshändern kann es vorkommen, daß sie die gegenüberliegende Augenstellung zur Korrektur benötigen, also nach rechts oben blicken bei der Überkreuz-Bewegung und nach links unten bei der Homolateral-Bewegung.)

Zur Überprüfung der Korrektur lassen Sie die Überkreuz-Bewegung ausführen, während die Augen geradeaus schauen. Die Muskeln sollten „stark" testen. Dann lassen Sie die Homolateral-Bewegung ausführen, während die Augen geradeaus schauen. Die Muskeln sollten nun „schwach" testen.

Mit dieser Dennison-Lateralitäts-Bahnung kann jede Person mit homolateralem Bewegungsmuster auf das natürliche Überkreuz-Muster eingestimmt werden. Die Korrektur ist augenblicklich und tiefgreifend, sie sollte aber zur Festigung noch über einen Zeitraum von ca. sechs Wochen täglich durchgeführt werden.

Kapitel VI
Körperhaltung von innen

„Wie lange werde ich ausgeglichen bleiben?" Diese Frage wird unseren Erziehungstherapeuten am häufigsten gestellt. Es ist relativ leicht, eine schlechte Körperhaltung zu kritisieren und Unregelmäßigkeiten zu korrigieren, indem man die EK-Techniken anwendet. Wirklich können wir jedoch nur helfen, wenn wir lehren, wie man ausgeglichen bleibt, Muskeln richtig nutzt und eine gute Körperhaltung bewahrt.

Wenn man beobachtet, wie kleine Kinder spielen, laufen, lachen, mit schönem aufrechtem Körper, fragt man sich, wovon die bei Erwachsenen wahrnehmbaren Haltungsabweichungen verursacht werden. Unfälle, Krankheiten und Streß sind die Übeltäter! Man erholt sich zwar von einer traumatischen Lebenserfahrung, doch die Muskeln vergessen nicht und bleiben „abgeschaltet". Diese Muskelschwächen oder Schmerzen werden meist kompensiert, indem man gewisse Bewegungen vermeidet und andere überbeansprucht. Die neuen Bewegungen werden bald zur Gewohnheit, und die daraus resultierende schlechte Körperhaltung spiegelt die Unausgewogenheiten wider.

Theoretisch gibt es für den Körper die Möglichkeit, wenn er sich im Gleichgewicht befindet, die vollkommene Körperhaltung seiner Kindheit wiederzugewinnen. Die Jahre der schlechten Gewohnheiten und der geringen Selbsteinschätzung machen sich jedoch bald wieder bemerkbar und versetzen den Körper wieder in den vorherigen Zustand, wenn nicht eine Haltungs- und Bewegungserziehung als Teil eines Fürsorgeprogramms vorgenommen wird.

Ein bedeutender Bestandteil unserer Therapie beinhaltet die Haltungs- und Bewegungsumerziehung oder „Edu-Kinesthetic". Der Erfolg unseres Programms hängt davon ab, inwieweit der Schüler wieder lernt, seinen Körper richtig zu gebrauchen und seine Selbsteinschätzung zu steigern. Der intellektuelle Aspekt darf dabei zwar nicht außer acht gelassen werden, ist jedoch nur der weniger bedeutende Teil des Programms.

Ich beschäftigte mich zum ersten Mal mit der Haltungserziehung, als ich selbst Probleme mit Rücken und Schultern hatte. Hunderte von Stunden investierte ich in Methoden der Haltungsverbesserung wie z. B. Strukturelle Integration (Rolfing), „Structural Patterning", Selbsthypnose, chiropraktische Behandlung, orthopädische Maßnahmen, Yoga etc. Jede Methode half ein wenig, aber keine linderte den Schmerz oder korrigierte die Körperhaltung zufriedenstellend. Bei jeder lernte ich, was ich zu tun hatte, aber auch was ich zu lassen hatte. Meine jetzige Körperhaltung aber, für die ich oft Komplimente bekomme, erreichte ich jedoch, indem ich begann, Energie zu verstehen und zu kontrollieren, und es aufgab, mich zu stark „anzustrengen", was ich zuvor immer gemacht hatte.

Der Nacken ist entscheidend

Gute Körperhaltung, aufrechtes Stehen, Denken, flüssiger Ausdruck und Lernen verlangen, daß der Nacken frei ist, um Energie leiten zu können. Die Bedeutung des Nackens kann nicht stark genug betont werden. Wenn er offen, entspannt und lokker ist, können Körper und Geist zusammenarbeiten; wenn er geschlossen und verspannt ist, wird er zu einem Ventil, das die Energie blockiert und die Leistung beeinträchtigt. Wenn durch Muskeltests den Schülern die Bedeutung des Nackens vermittelt wurde, fällt es ihnen leichter, das Körperbewußtsein aufrechtzuerhalten und ihr eigenes Leben in die Hand zu nehmen.

Die Dimension der Ausgeglichenheit

Ausgeglichenheit hat viele Dimensionen. Normalerweise denken wir bei Ausgeglichenheit an die Dimension von Seite-zu-Seite oder links-nach-rechts, wie beim Ausbalancieren einer Waage oder beim Balancieren auf dem Drahtseil. Sicherlich beinhaltet die Energie-„Ausbalancierung" die bilaterale Integration der beiden Körperseiten; andere Dimensionen sind jedoch von gleicher oder sogar von größerer Bedeutung. Eine davon ist die Vorne-hinten-Balance, eine andere das Gleichgewicht zwischen oben und unten. Die erstere wird in unserer Kultur sträflich vernachlässigt und ist die Ursache vieler Rückenleiden, die letztere ist der Schwerkraft-Antischwerkraft-Energiefluß, das Spiel zwischen Yang und Yin, der bedeutendste Teil unserer Arbeit. Ohne diese Dimension wird keine der anderen Ausbalancierungen dauerhaft sein, und die Körperhaltung wird sich verschlechtern.

Wenn man ein Kind, das hingefallen ist, nach der Schwerkraft fragt, wird es antworten, daß sie weh tut. Die Schwerkraft ist eine Konstante, die unsere Welt zusammenhält. Wir können uns auf sie verlassen, und wir müssen ständig ihren Zug ausgleichen. Sie zieht unsere Energie nach unten, und wenn wir zulassen, daß sie uns kontrolliert, kann es ein Gefühl der Schwere hervorrufen. Wenn die Schwerkraft unseren Körper zu stark beeinflußt, fühlen wir uns schwach, müde und „unten", als wenn wir die Last der Welt auf unseren Schultern trügen.

Um den Zug der Schwerkraft auszugleichen, haben wir eine Lebenskraft, die durch uns und durch alle lebenden Wesen fließt. So wie sie Vögel sich zum Flug erheben und Bäume gerade und hoch wachsen läßt, kann sie bewirken, daß unsere Bewegung schön, mühelos und frei ist. Wenn wir diese Kraft in uns spüren und sie durch Nacken und Schultern fließen lassen, bewegen wir uns anmutig, und unsere Muskeln scheinen zu wissen, was sie tun müssen, ohne daß bewußte Kontrolle erforderlich ist. Die Edu-Kinesthetic lehrt, wie man sich im Raum bewegt, und wenn wir wissen, wie man sich bewegt, sorgt die Körperhaltung für sich selbst.

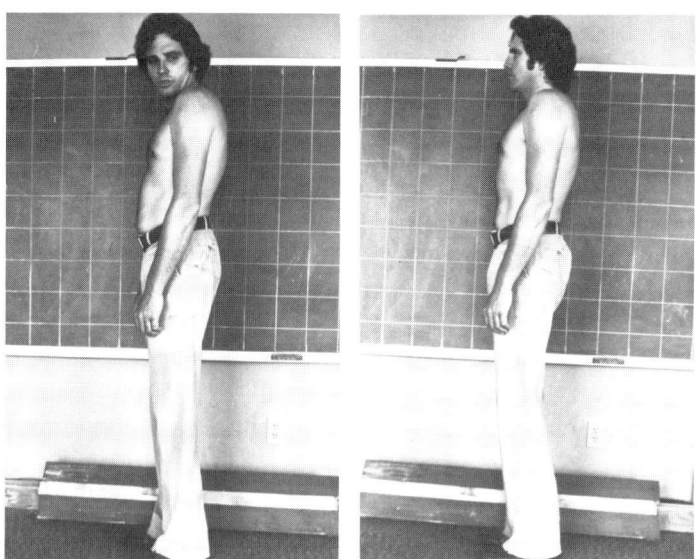

Abb. 15: Abweichungen von normaler Körperhaltung sind mit Hilfe eines Gitterschemas oder einer imaginären geraden Linie sofort zu erkennen.

Reprogrammierung des Energieflusses

Die unten beschriebene Folge von Muskeltests kann den eigenen Bedürfnissen angepaßt werden, sei es im Klassenzimmer oder privat. Die damit zusammenhängende Beeinflussung des Energiestroms vermittelt uns Einsichten in den Prozeß, den wir durchmachen müssen, um unsere Körperhaltung verändern zu können. Als Testmuskel dient der M. supraspinatus, da er am besten die durch Lernbehinderungen bedingte Energieblokkierung mißt. Aber auch jeder andere Indikatormuskel wird dasselbe anzeigen. (S. Abb. 15)

1. Identifizieren Sie einen starken Indikatormuskel.

2. Bitten Sie die Testperson, gerade und aufrecht zu stehen, und testen Sie den Indikatormuskel. Reaktion: „schwach". Diese Aufforderung verursacht praktisch immer eine Energieblockkierung, da die Testperson „sich zu stark anstrengt" und dadurch eine unnatürliche Haltung einnimmt.

3. Wenn der Muskel „schwach" ist, „stärken" Sie ihn, indem Sie mit der offenen Hand mehrere Male entlang der Körpermittellinie streichen, vom Schambein zur Unterlippe (es ist dabei nicht notwendig, den Körper zu berühren). Testen Sie den Muskel. Reaktion: „stark".

4. Fragen Sie die Testperson, wie sie sich fühlt. Es werden wahrscheinlich unterschiedliche Gefühle geäußert (leicht und entspannt, wenn sie „stark" ist; schwer und angespannt oder ängstlich, wenn sie „schwach" ist).

5. Bei Bedarf können Sie die Testperson „schwächen", indem Sie mit der offenen Hand entlang der Körpermittellinie nach unten streichen; die Testperson kann so beide Gefühle erleben und verbalisieren. „Stärken" Sie danach wieder.

6. „Schwächen" Sie den Muskel wieder. Bitten Sie jetzt die Testperson, sich vorzustellen, wie die Energie wieder entlang der Körpermittellinie hochfließt. Testen Sie den Muskel erneut. Reaktion: „stark".

7. Bitten Sie die Testperson, sich vorzustellen, wie die Energie nach unten fließt.
Testen Sie den Muskel.
Reaktion: „schwach".

8. Bitten Sie die Testperson, sich selber zu stärken.

9. Beschreiben Sie das Bild eines Ventils oder eines Schalters, der im Nacken ein- und ausgeschaltet werden kann und so Energie fließen läßt oder blockiert. Die Testperson soll sich auf den Nacken konzentrieren. „Schwächen" Sie die Person. Wie fühlt es sich an? „Stärken" Sie. Wie fühlt es sich an?

10. Bitten Sie die Testperson, „den Schalter anzuschalten". Testen Sie den Muskel.
Reaktion: „stark".

11. Bitten Sie die Person, „abzuschalten".
Testen Sie den Muskel.
Reaktion: „schwach".

Bewegungsumerziehung (siehe Abb. 16)

1. Bitten Sie die Testperson, sich auf einen Stuhl zu setzen.
Testen Sie den Muskel.
Reaktion: „schwach" oder „stark"? Wenn er „schwach" ist, . . .

2. Bitten Sie die Testperson, sich wieder hinzusetzen (vorher aufstehen lassen) und dabei den Nacken „anzuschalten".
Testen Sie den Muskel.
Reaktion: „stark".

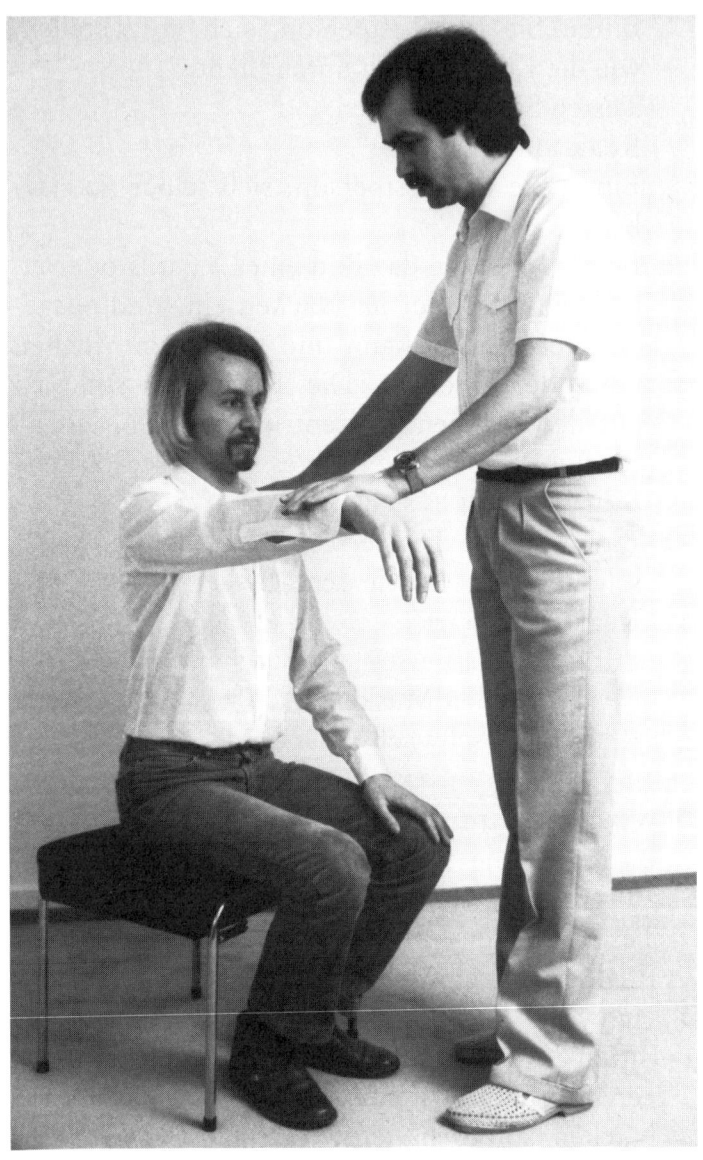

Abb. 16: Die Sitzhaltung kann den Energiefluß durch den Nacken negativ beeinflussen.

3. Bitten Sie die Testperson aufzustehen.
   Testen Sie den Muskel.
   Reaktion: „schwach" oder „stark"? Wenn er „schwach" ist, ...

4. Bitten Sie die Testperson, wieder aufzustehen (vorher hinsetzen lassen) und den Nacken „anzuschalten".
   Testen Sie den Muskel.
   Reaktion: „stark".

5. Bitten Sie die Testperson, sich an einen Tisch zu setzen und still einige Zeilen zu lesen.
   Testen Sie den Muskel.
   Reaktion: „schwach" oder „stark"? Wenn er „schwach" ist, ...

6. Bitten Sie die Testperson, zu lesen und den Nacken „anzuschalten".
   Testen Sie den Muskel.
   Reaktion: „stark".

7. Bitten Sie die Testperson, einige Zeilen zu schreiben (s. Abb. 17).
   Testen Sie den Muskel.
   Reaktion: „schwach" oder „stark"? Wenn er „schwach" ist, ...

8. Bitten Sie die Testperson, eine Haltung zu finden, in der der Nacken „angeschaltet" bleibt, und dann zu schreiben.
   Testen Sie den Muskel.
   Reaktion: „stark".

Haltungsanalyse

Die oben beschriebenen Methoden können bei allen Aktivitäten angewendet werden. Von besonderer Bedeutung sind dabei Gehen, Laufen, Singen, Essen, Sprechen und sportliche Aktivitäten. Das Üben über einen längeren Zeitraum festigt die positiven Gewohnheiten. Kontrollieren Sie die Haltung Ihrer Schüler und stellen Sie fest, ob sie den Nacken verschließen. Wenn sie den Kopf nach vorn beugen, können sie durch ein entspanntes Nach-Hinten-Legen des Kopfes Ausgleich schaffen; der Muskeltest zeigt, wie diese Übung das Ventil öffnet und die Energie fließen läßt. Wenn die Schüler den Atem anhalten und damit den Nacken „verschließen", so zeigen Sie ihnen, wie richtiges Atmen Energie durch den geöffneten Nacken fließen läßt. Wenn Muskeln auf einer Körperseite angespannt werden oder nur mit einem Auge gelesen oder geschrieben wird, zeigen Sie, wie dies den Energiefluß zum Nacken beeinträchtigt. Lassen Sie die Schüler unter ihrer Leitung entdecken, was sie für sich selbst tun müssen, um Offenheit und Ausgeglichenheit zu erzielen. Wenn die Zunge ein Beeinflussungsfaktor ist, zeigen Sie, wie das Gleichgewicht beeinträchtigt wird, wenn sich die Zunge links oder rechts im Mund befindet oder nach vorn geschoben ist. Demonstrieren Sie, wie das Gleichgewicht gestärkt wird, wenn man die Zunge gegen den vorderen Gaumen drückt.

Es gibt weitere Methoden, das Energiepotential auf einem hohen Niveau und in Fluß zu halten. Sie alle sind leicht zu merken und halten den positiven Lebensfluß in Gang. Wenn Sie diese und die anderen in diesem Buch vorgestellten Techniken erpro-

Abb. 17: Die Haltung beim Schreiben kann den Energiefluß durch den Nacken negativ beeinflussen.

ben, sollten Sie darauf achten, welche für Sie und ihre Schüler am geeignetsten sind. So werden Sie den Schlüssel zu einer guten Körperhaltung finden.

Möglichkeiten zur Verinnerlichung einer guten Körperhaltung
Bildliche Vorstellung

Um eine gute Körperhaltung zu verinnerlichen, müssen erbauliche, energiespendende und freudige Dinge in Ihrer Umwelt sein und Ihre Gedanken bestimmen. Ihr Lächeln oder das Lächeln eines anderen wird Sie ins Gleichgewicht bringen. Stellen Sie sich ein glückliches Gesicht vor, und Sie werden größer; stellen Sie sich ein trauriges Gesicht vor, und Ihre Muskeln werden „schwach" testen und Sie nehmen eine krumme Körperhaltung ein.

Stellen Sie sich einen Baum vor, einen sich in die Lüfte schwingenden Vogel oder eine Bergspitze und testen Sie die Stärke Ihrer Muskeln. Welche Symbole haben für Sie die Assoziation von Stärke? Ein Kirchturm, eine Glückszahl, das Bild einer bestimmten Person? Ermitteln Sie mit Hilfe des Muskeltests, welches Bild Ihnen ein Gefühl der Größe gibt.

Gefühl

Besser noch, als sich etwas vorzustellen, ist sich hineinzufühlen. Werden Sie ein Baum, der seine Wurzeln tief in den Boden treibt und immer weiter nach oben reicht, während die Lebensenergie zirkuliert. Fühlen Sie, wie leicht und frei Sie sich ohne Anstrengung bewegen. Erleben Sie das Gefühl der Liebe, das ein Mensch für den anderen empfindet. Erleben Sie die Liebe, die keine Anforderungen stellt oder Gegenleistungen fordert. Erleben Sie die Liebe einer Mutter für ihr Kind oder die eines Kindes für sein Lieblingstier. Wenn Sie eine innere Haltung bedingungsloser Liebe annehmen, gibt es keine Energieblockierungen.

Jetzt

Fühlen Sie, wie gut das „Jetzt" ist. Vergessen Sie Zukunftsprobleme und Fehler der Vergangenheit und erleben Sie die Gegenwart. Das Jetzt ist Vergangenheit, Gegenwart und Zukunft zugleich; wenn Sie lange genug Ihr Gleichgewicht im Jetzt behalten, wird sich alles von selbst regeln.

Freude

„Lachen ist die beste Medizin", heißt es oft. Es tut gut, sich selbst weniger ernst zu nehmen, über unsere Fehler und Dummheiten zu lachen, und auch die lustige Seite unserer Triumphe zu sehen. Lebensfreude, Liebe und das Gefühl des Lebendig-Seins sind der Schlüssel zu guter Körperhaltung.

Kapitel VII
Laterale Dominanz

Handdominanz und Augendominanz

Die dreizehnjährige Tracey haßt Lesen und Schreiben. Es bereitet ihr beim Lesen Schwierigkeiten, längere Wörter wie z. B. „Patriotismus" auszusprechen, und sie gerät leicht in Verlegenheit. Beim Schreiben scheint sie nicht alle Wörter unter Kontrolle zu haben, und sie vergißt sogar, was sie eigentlich schreiben wollte. Sie ist jedoch eine ausgezeichnete Gesprächspartnerin und behält alles, was sie hört. Sie zeichnet und malt gerne und schreibt ihre eigenen Lieder.

Der fünfzehnjährige Mark liest fließend; er bekam nie schlechte Noten, bis er auf die Mittelschule wechselte. Er ist ruhig, schüchtern und schweigsam, seine Körperhaltung erscheint verkrampft und nach vorne geneigt. Mathematik macht ihm Spaß, aber alle anderen Schulfächer frustrieren ihn mittlerweile, da sein Leseverständnis schlecht ist.

Die Edu-Kinesthetic befaßt sich mit der lateralen Dominanz, um die Stärken und Schwächen einer Person zu verstehen. Wir werden mit zwei Händen, zwei Augen, zwei Ohren und sogar zwei Gehirnhälften geboren. Für eine bestimmte Aufgabe können eine Hand, ein Auge, ein Ohr und eine Gehirnhälfte die Führung übernehmen und dominant werden; die andere muß dann folgen. Die rechte Gehirnhälfte kontrolliert die linke Körperseite, die linke Gehirnhälfte die rechte Körperseite. Die Nerven oder „Drähte" zu den Muskeln und Sinnesorganen gehen von der kontrollierenden Gehirnhälfte direkt zur anderen Körperseite. Wenn eine Gehirnhälfte arbeitet, entspannt sich die andere oder verrichtet Aufgaben, die keine bewußte Kontrolle erfordern.

Mit Hilfe der EK-Techniken bestimmten wir Traceys Dominanzmuster folgendermaßen:

Rechte Gehirnhälfte und rechte Hand
     und linkes Auge
     und rechtes Ohr.
Marks Dominanzmuster sah folgendermaßen aus:

Linke Gehirnhälfte und rechte Hand
     und rechtes Auge
     und linkes Ohr.

Konsequente Lateralität ist das effizienteste Dominanzmuster: Ist die rechte Gehirnhälfte dominant, benutzt man die linke Hand, das linke Auge, das linke Ohr, während man bei Dominanz der linken Gehirnhälfte die rechte Hand, das rechte Auge und das rechte Ohr benutzt.

Wenn konsequente Lateralität vorliegt, harmonisieren und kooperieren die beiden Gehirnhälften und bleiben stark für bilaterale Integration. Wenn das Muster nicht konsequent ist und gemischte Lateralität vorliegt, sind die Gehirnhälften manchmal verwirrt darüber, wann sie arbeiten und was sie tun sollen. Energie wird dem System entzogen, und man „schaltet ab". Für Lesen, Schreiben und Buchstabieren ist normalerweise allein die linke Gehirnhälfte verantwortlich; im Idealfall liegt beim Erlernen dieser Fertigkeiten das folgende Dominanzmuster vor:

Linke Gehirnhälfte und rechte Hand
    und rechtes Auge
    und rechtes Ohr.

Die Person mit solch einem Dominanzmuster kann bewußt über die Sprache nachdenken, die man dekodiert und kodiert, wenn man liest und schreibt; sie richtet Hand, Auge und Ohr auf die bedeutenden Details, während sie die Geschichte im Geist hört.

Während die linke Gehirnhälfte die Fakten analysiert, steuert die rechte Gehirnhälfte die unbewußten Prozesse der Worterkennung, der Schreibbewegung und des Erfassens von Rhythmus und Fluß der Wörter und Ausdrücke; und organisiert aus den Teilen ein Ganzes.

Dem Lernenden, bei dem eine Dominanz der rechten Gehirnhälfte oder eine gemischte Lateralität vorliegt, fällt Lesen und Schreiben nicht so leicht. Er muß lernen, ausgeglichen und stark zu bleiben, indem er ein Maximum an Integration erzielt und Verwirrung und „Abschalten" auf ein Minimum reduziert. Dieses Buch ist mit dem Ziel geschrieben worden, eine solche Integration zu ermöglichen.

Bei der Mehrheit der Menschen (man nimmt 75 bis 80 % der Bevölkerung an) dominieren die rechte Hand und das rechte Auge. Dies bedeutet, daß die linke Gehirnhälfte die Kontrolle auszuüben scheint und diese Gruppe nur wenig Lernprobleme aufweist. Ohne Zweifel dominiert bei vielen dieser

Gruppe tatsächlich aber die rechte Gehirnhälfte, und es gibt keine Garantie dafür, daß sie ihr Lernpotential voll ausschöpfen. Personen dieser Gruppe lernen jedoch die fundamentalen Fertigkeiten leichter und nur wenige von ihnen wenden sich an fördernde Lesezentren, wenn man ihnen angemessene Bildungsmöglichkeiten bietet.

Bei ungefähr zehn Prozent der Bevölkerung dominiert die linke Hand und das linke Auge und somit anscheinend die rechte Gehirnhälfte. Es ist schwierig, allgemeine Aussagen über „Linke" zu machen, da es viele Möglichkeiten der neurologischen Kompensation gibt. Nach einer oft traumatischen Zeit der Verwirrung können diese Menschen lernen, sich der rechtshändigen Welt von Scheren, Dosenöffnern, Ringbüchern und Schultischen anzupassen. Lesen und Schreiben wurden ebenso für eine rechtshändige Welt erfunden, und ungefähr zehn Prozent der lernbehinderten Kinder sind „Linke".

Bei weiteren zwölf Prozent der Bevölkerung liegt Kreuz-Dominanz oder gemischte Dominanz vor. Bei den meisten dominieren die rechte Hand und das linke Auge, ohne daß sie es wissen. Vielleicht sollten sie eigentlich Linkshänder sein, aber Eltern und Lehrer mit guten Absichten konditionierten sie anders. Einige sind linkshändig und rechtsäugig, einige beidhändig, also gleich geschickt mit beiden Händen, aber ohne konsequente Dominanz. Zusammen umfaßt diese Gruppe die Mehrheit der „Legastheniker" und gut fünfzig Prozent der als Lernbehinderte klassifizierten Menschen.

Die meisten Menschen haben nicht die leiseste Ahnung von ihrem dominanten Auge und davon, wie man es testet (siehe Abb. 18).

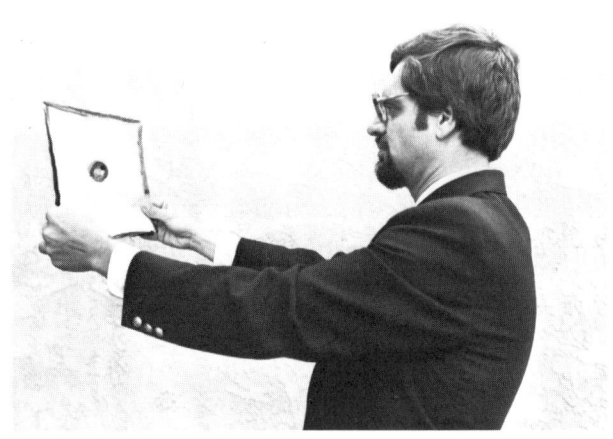

Abb. 18: Test zur Bestimmung des dominanten Auges

Test zur Bestimmung des dominanten Auges

1. Reißen Sie ein Loch in eine Karte oder ein Blatt Papier und halten Sie es mit ausgestreckten Armen so vor dem Körper, daß Sie auf ein festes Objekt blicken können; es kann z. B. eine Münze auf dem Boden oder ein X an der Tafel sein.

2. Beide Augen sind geöffnet, während Sie durch das Loch schauen. Bewegen Sie nun die Karte in Richtung Gesicht und behalten Sie dabei das Objekt immer im Blick.

3. Dieses Experiment wird Ihnen zeigen, mit welchem Auge Sie das Objekt und die Karte auf eine Linie brachten. War es das rechte oder das linke Auge?

4. Ein lustiges Spiel für Kinder besteht darin, das dominante Auge abzudecken, während sie denken, sie würden mit beiden Augen durch das Loch schauen; das Objekt verschwindet plötzlich, was sie in Erstaunen versetzt und an Zauberei glauben läßt.

Gehirndominanz und Augenbewegungen

Studien über den Gebrauch der Augen bei Denkvorgängen lassen vermuten, daß Menschen mit Dominanz der rechten Gehirnhälfte und Menschen mit Dominanz der linken Gehirnhälfte gleich stark vertreten sind, unabhängig davon, welche Hand und welches Auge anscheinend dominant sind.

In der Edu-Kinesthetic nimmt die Gehirndominanz gegenüber der Handdominanz und der Augendominanz eine vorrangige Stellung ein. Bei jenen rechtshändigen und rechtsäugigen Menschen, die sich frustriert und lernbehindert fühlen, kann, ohne daß sie es wissen, eine Dominanz der rechten Gehirnhälfte vorliegen, obwohl es so scheint, daß die linke Gehirnhälfte dominiert.

Die subtile Beziehung zwischen Augen und Geist findet schon seit langem in unseren herkömmlichen Volksweisheiten ihren Niederschlag. Wir haben „einen unsicheren Blick" oder ein „waches Auge", wir „machen große Augen", „uns gehen die Augen über", oder wir „sehen" den Zusammenhang nicht.

Die Notwendigkeit, die Augen beim Lesen und Schreiben zu gebrauchen, scheint offensichtlich zu sein, und die Fähigkeit, die Augen über die Seiten und zurück wandern zu lassen, scheint eine solch einfache Aufgabe zu sein, daß sie als selbstverständlich vorausgesetzt wird. Selten hat man jedoch die Beziehung zwischen dieser Fertigkeit und dem Denken berücksichtigt. Es ist einfach eine mechanische Handlung, die wie das Gehen oder das Essen gelernt wird!

Man hat in letzter Zeit demonstriert, daß die Augen nicht „sehen" müssen, um sich zu bewegen. Das Denken allein bewirkt CLEMS, „conjugate lateral eye movements" (gepaarte laterale Augenbewegungen) nach links oder rechts. Eine der häufigsten Reaktionen auf die elektrische Stimulierung der Hirnrinde ist die Augenbewegung. Wenn Teile der linken Gehirnhälfte stimuliert werden, bewegen sich die Augen nach rechts. Stellt man ei-

Abb. 19: Wenn die linke Gehirnhälfte stimuliert wird, bewegen sich die Augen nach rechts. Wird die rechte Gehirnhälfte stimuliert, bewegen sie sich nach links.

ne Frage, ist es typisch, daß die entsprechende Person nach oben und zu einer Seite blickt, während sie über die Antwort nachdenkt. Früher sah man darin eine Eigenart, wie z. B. in der Schule, wenn der Lehrer sagte: „Johannes, die Antwort steht nicht an der Decke." Jetzt wissen wir aber, daß Funktionen der linken Gehirnhälfte eine Bewegung der Augen nach rechts hervorrufen, während Funktionen der rechten Gehirnhälfte eine Bewegung nach links bewirken. Es ist typisch, daß sich unsere Augen entweder in die eine oder in die andere Richtung bewegen; beide Gruppen sind in der Gesamtbevölkerung gleich stark vertreten (siehe Abb. 19).

Wenn jemand die Augen zu einer Seite hin bewegt, aktiviert er eine der Gehirnhälften zur besseren Konzentration und „schaltet" die andere ab. Wir alle machen dies unbewußt, wenn wir uns erinnern, mathematische Aufgaben im Kopf lösen oder uns etwas vorstellen müssen. Nicht alle Augenbewegungen sind jedoch wahrnehmbar, einige Menschen scheinen ständig geradeaus zu starren. Dann kann man mit Hilfe des Muskeltests feststellen, welche Gehirnhälfte aktiviert ist. Die am häufigsten aktivierte Gehirnhälfte ist die dominante Hemisphäre, die gewöhnlich der Gehirnhälfte entspricht, die das dominante Auge kontrolliert; sie kann jedoch auch der Gehirnhälfte entsprechen, die das dominante Ohr oder die dominante Hand kontrolliert, oder es kann unter Umständen auch ganz anders sein.

Technik zur Bestimmung der dominanten Gehirnhälfte

1. Identifizieren Sie einen beidseitig „starken" Indikatormuskel, z. B. den linken und rechten M. deltoideus.

2. Stellen Sie eine der unten aufgeführten Fragen oder Aufgaben.

3. Beobachten Sie die Augenbewegungen, wenn es welche geben sollte. Die Bewegung nach rechts ist die Reaktion der linken Gehirnhälfte, die Bewegung nach links die der rechten Gehirnhälfte.

4. Testen Sie sofort nach der Antwort auf Ihre Frage die beiden Arme nacheinander. Wenn beide Arme noch immer „stark" sind, wurden beide Gehirnhälften stimuliert, und eine integrierte Antwort wurde gegeben. Wenn der rechte Arm „schwach" und der linke Arm „stark" ist, wurde die rechte Gehirnhälfte sti-

muliert. Die Ergebnisse des Muskeltests sollten den von Ihnen festgestellten Augenbewegungen entsprechen.

5. Wenn eine Seite wiederholt stimuliert wird, unabhängig davon, was für eine Frage vorliegt, kann man annehmen, daß sie dominant ist.

Fragen oder Aufgaben, die nur eine Gehirnhälfte aktivieren

1. Wie viele „i's" enthält das Wort „Mississippi"?
2. Welche Farbe, rot oder grün, befindet sich bei einer Verkehrsampel oben?
3. Summen Sie eine Melodie.
4. Wie fühlen Sie sich, wenn Sie ärgerlich sind?
5. Wieviel ist 12 × 13?
6. Wer war 1956 Bundespräsident?
7. Zählen Sie rückwärts von 100 bis 1.
8. Was ist der Unterschied zwischen Kontraktion und Expansion?
9. Sagen Sie 85 193 rückwärts.
10. Zeichnen Sie eine Rautenform.

Visuelle Integration

Die Beziehung zwischen Augenbewegungen und Denkvorgängen wird in einer frühen Lebensphase hergestellt. Der menschliche Organismus beginnt bei der Geburt, im Raum zu existieren, und lernt, wie er seine Augen gebrauchen muß, indem er sie auf Mutter, Nahrung, Geräusche und Spielzeug richtet und von ihnen wieder abwendet. Zuerst benutzt das Kind vielleicht jedes Auge einzeln, es lernt jedoch bald, sie zusammen zu gebrauchen, während es Kriechen, Krabbeln, Gehen und Laufen lernt. Wenn es richtige binoculare Augenbewegungen lernt, wird es effiziente visuelle Fertigkeiten entwickeln, um den Blick auf etwas Nahes oder etwas Entferntes zu konzentrieren oder Tiefe wahrzunehmen. Wenn es diese Fertigkeiten nicht erlernt, muß es kompensieren und die Botschaft, die zum Gehirn gelangt, „abblocken", um zu vermeiden, daß Verwirrung entsteht oder daß es doppelt sieht. Das Gehirn hat die Möglichkeit, bilaterale Information zu integrieren oder sie abzublokken. Bei der letzteren entsteht eine Energieblockierung und Streß wird im System hervorgerufen.

Visuelles „Abschalten"

Der Winkel des visuellen Feldes beträgt ungefähr 180°. Der Blickwinkel eines jeden Auges beträgt ungefähr 120°, wobei sich im Mittelbereich eine Überlappung von ungefähr 60° ergibt. Die linken 90° stellen also das linke visuelle Feld dar, die rechten 90° das rechte visuelle Feld. Obwohl beide Gehirnhälften von jedem Auge Information erhalten, wird die linke Gehirnhälfte dadurch aktiviert, daß man nach rechts schaut, wobei das rechte Auge die Bewegung führt. Die rechte Gehirnhälfte wird gleichermaßen aktiviert, indem man nach links schaut.

Die Edu-Kinesthetic bedient sich des Muskeltests, um die wahre Qualität der neurologischen Organisation zu bestimmen und um festzustellen, ob ausreichende Integration für fließendes Lernen vorliegt. Wie alle Muskeltests sind auch diese ein-

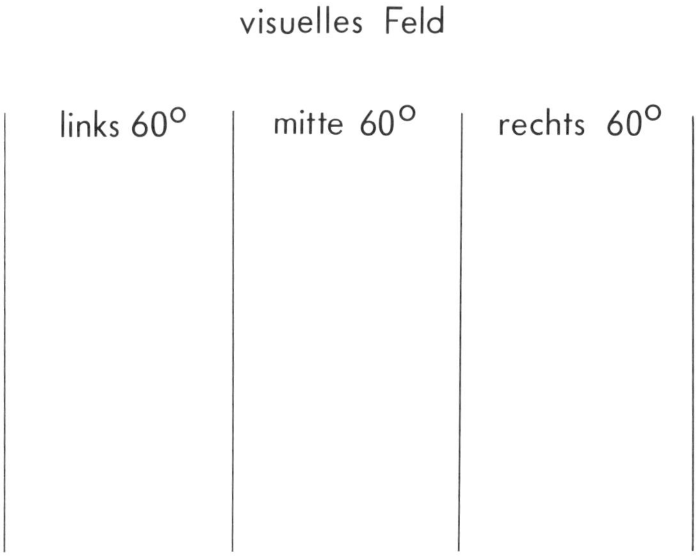

visuelles Feld

links 60°	mitte 60°	rechts 60°

Abb. 20: Das visuelle Feld wird vom Gehirn in einen rechten, einen linken und einen mittleren Bereich eingeteilt. Die Informationen von der linken Seite gehen direkt zur rechten Gehirnhälfte, die Informationen von der rechten Seite zur linken Gehirnhälfte. Im Mittelbereich, der ungefähr 60° beträgt, ist Integration der Gehirnhälften notwendig.

fach, solange man die Frage versteht, die dem Körper gestellt wird. Man testet den Muskel, während man die Testperson anweist, Augen und/ oder Kopf in verschiedene Richtungen zu bewegen.

Test für visuelle Integration
1. Testen Sie einen starken Indikatormuskel, z. B. den M. deltoideus.
2. Bitten Sie die Testperson, geradeaus auf ein Zielobjekt zu blicken, das sich im Mittelbe-

reich des visuellen Feldes befindet. Halten Sie das Zielobjekt in einer Entfernung von wenigstens 50 cm, so daß beide Augen darauf gerichtet werden können. Wenn nicht gerade ein ernstes Konvergenzproblem besteht und die Testperson doppelt sieht, sollte der Muskel „stark" sein.

3. Bitten Sie jetzt die Testperson, nach links zu schauen, *ohne* den Kopf zu bewegen. Ist der Muskel „stark" oder „schwach"?

4. Bitten Sie die Testperson, nach rechts zu schauen; achten Sie wieder darauf, daß der Kopf nicht bewegt wird. Ist der Muskel „stark" oder „schwach"? (s. Abb. 21)

Bedeutung der Testergebnisse

1. Testet die Person „stark", wenn sie geradeaus, nach rechts und nach links schaut, liegt gute visuelle Integration und kein Streß im visuellen Feld vor.

2. Testet die Person „stark", wenn sie nach links schaut, und „schwach", wenn sie nach rechts schaut, liegt wahrscheinlich eine Dominanz des linken Auges und der rechten Gehirnhälfte vor. Wenn Lernprobleme bestehen, sind Sie auf dem besten Weg, sie zu lösen.

3. Testet die Person „stark", wenn sie nach rechts schaut, und „schwach", wenn sie nach links schaut, bestehen vielleicht keine ernsten Probleme, es kann jedoch sein, daß der Schüler langsam liest und in Augennähe auszuführende Aufgaben vermeidet oder andere

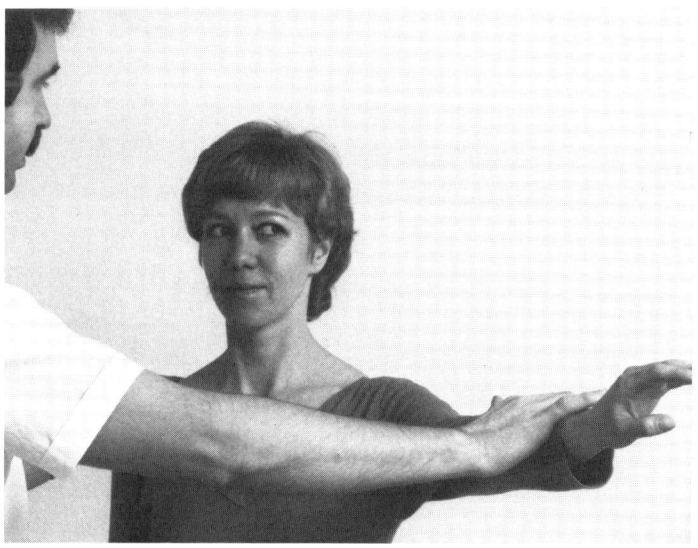

Abb. 21: Test für visuelle Integration oder „Abschalten". Testet man den Muskel, während die Augen zur linken und zur rechten Seite des visuellen Feldes bewegt werden, kann man feststellen, ob Ausgeglichenheit oder Un-ausgeglichenheit vorliegt.

107

Schwierigkeiten vorliegen. Auch in diesem Fall können sie helfen.

„Anschalten" des visuellen Systems

Es gibt verschiedene Techniken, das System „anzuschalten", je nach Schwere des Problems. Sie werden vielleicht nur eine oder aber alle der im folgenden aufgeführten Techniken anwenden – je mehr, desto besser. Um herauszufinden, ob Sie eine Person „angeschaltet" haben, führen Sie vor und nach dem Einsatz der von Ihnen bestimmten Techniken denselben Muskeltest durch, so daß Sie und auch Ihr Partner den Unterschied fühlen können. Eine sofortige Verbesserung der Lesegeschwindigkeit und des Leseverstehens stellt man vielleicht ebenso fest.

1. *Überkreuz-Bewegung*

   In vielen Fällen reicht das Überkreuz-Bewegungsmuster aus, um das visuelle Feld zu stärken, denn Überkreuz-Übungen bringen die Muskeln ins Gleichgewicht, einschließlich der Muskeln, die die Augen kontrollieren. Stellen Sie deshalb durch Überkreuz-Bewegung das Gleichgewicht her, bevor Sie die folgenden Augenübungen durchführen; überflüssige Schwächungen wird es so bald nicht mehr geben. Verwenden Sie für die folgenden Übungen einen Leuchtstift, den Sie ca. 50 cm von den Augen weg halten:

   a) Verfolgen – Die Augen folgen dem Stift hin und her durch das gesamte visuelle

Feld (20mal entspricht einer halben Stunde Lesen).

b) Rotationen – Bewegen Sie den Stift in Kreisen im Uhrzeigersinn und entgegen dem Uhrzeigersinn um das gesamte visuelle Feld.

c) Konvergenzübungen – Führen Sie den Stift aus dem Abstand von ca. 50 cm langsam in Richtung Nase und beobachten Sie die Augen. Halten Sie an, wenn der Schüler doppelt sieht oder die Augen nicht mehr konvergieren.

2. *Massage*

Man reibt intensiv und kräftig die Akupressurpunkte, die als „Niere 27" bezeichnet werden, während die andere Hand auf dem Bauchnabel liegt (siehe Abb. 22).

Akupunktur und Akupressur sind alte Methoden, das Energiegleichgewicht wiederherzustellen. Wenn man diese Punkte aktiviert, kreuzt die Energie von einer Körperseite zur anderen. Menschen mit homolateralem Bewegungsmuster übernehmen oft spontan das Überkreuz-Bewegungsmuster, wenn man diese Punkte massiert. Walthers Buch über die Kinesiologie enthält die Aussage, daß diese Punkte gleich Wechselstromgeneratoren sind, die die Energie von einer Körperseite zur anderen fließen lassen. Weiterhin sagt der Verfasser, daß „der Punkt ‚Niere 27' von den Chinesen in der klassischen Akupunktur als

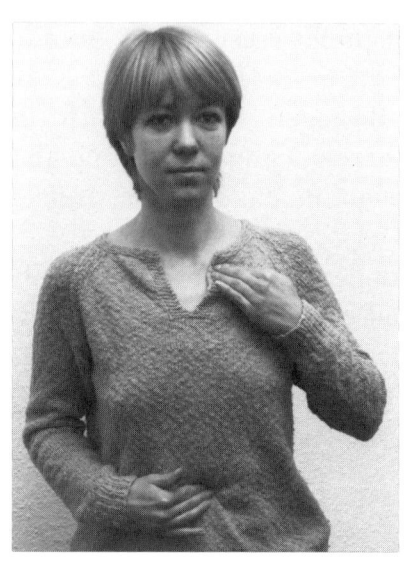

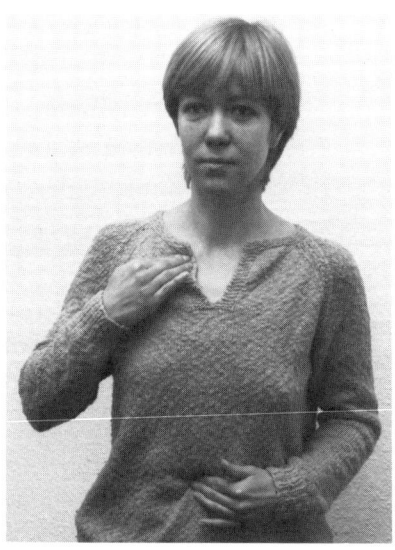

Abb. 22: Akupunkturpunkte „Niere 27" werden massiert, während eine Hand auf dem Bauchnabel liegt. Dabei spielt es keine Rolle, ob Sie die „Niere 27"-Punkte gleichzeitig oder, wie in den Abbildungen gezeigt, erst mit der einen und dann mit der anderen Hand massieren. Die Punkte befinden sich rechts und links vom Brustbein auf dem Schlüsselbein-Brustbein-Gelenk.

110

,Heim der Zustimmungspunkte' angesehen wird. Es ist der Zustimmungspunkt aller Zustimmungspunkte".

3. *Yoga* (siehe Abb. 23)
    Verschaffen Sie Kopf und Oberkörper *Entspannung,* indem Sie sich so weit nach hinten beugen, wie es Ihre Gelenkigkeit erlaubt. Lassen Sie in dieser Stellung von der Schwerkraft die Spannung wegschmelzen, und atmen Sie dabei tief, um dem Nacken Energie zuzuführen. Wenn die Brust konkav gewölbt ist, versuchen Sie, den Nacken ohne Anstrengung zu öffnen. Bewegen Sie jetzt einige Male die Augen über die Zimmerdecke hin und her, und atmen Sie dabei weiter. In den Nackenmuskeln befinden sich auf innere Reize ansprechende Sinnesorgane, die die Augenmuskeln aktivieren, wenn sich der Nacken in dieser Position befindet. Dies ist auch die Position des Nackens während des Kriechens und Krabbelns, also auch die Position, als Sie zum ersten Mal lernten, Ihre beiden Augen gleichzeitig zu gebrauchen. Die Edu-Kinesthetic behauptet, daß „Muskeln sich erinnern". Da der Nacken sich in dieser Position befand, als wir lernten, unsere Augen synchron zu bewegen, kann man die Muskeln wieder aktivieren, wenn man Jahre später diese Position einnimmt.

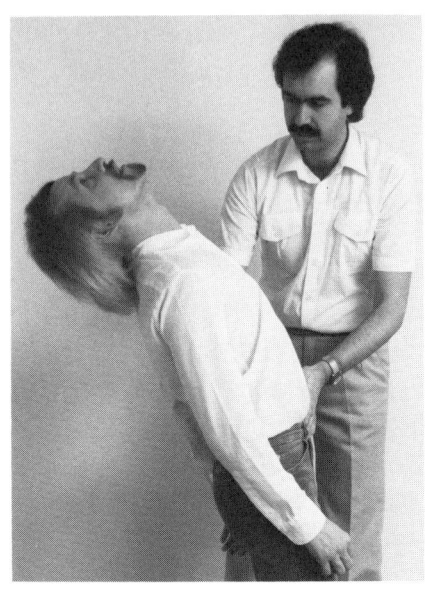

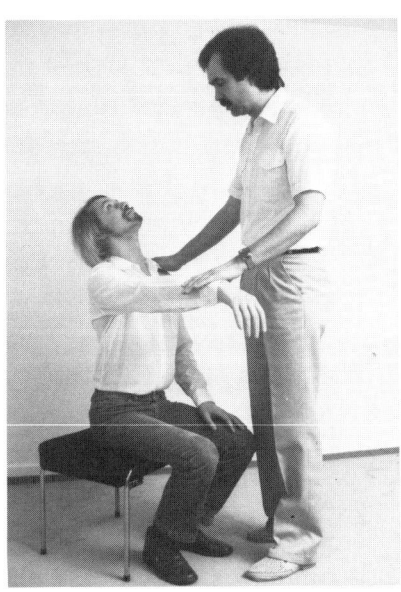

Abb. 23: Man läßt den Kopf locker nach hinten hängen, während man tief und rhythmisch atmet und die Augen in beide Richtungen kreisen läßt. Je mehr man sich zurückbeugen kann, desto besser.

112

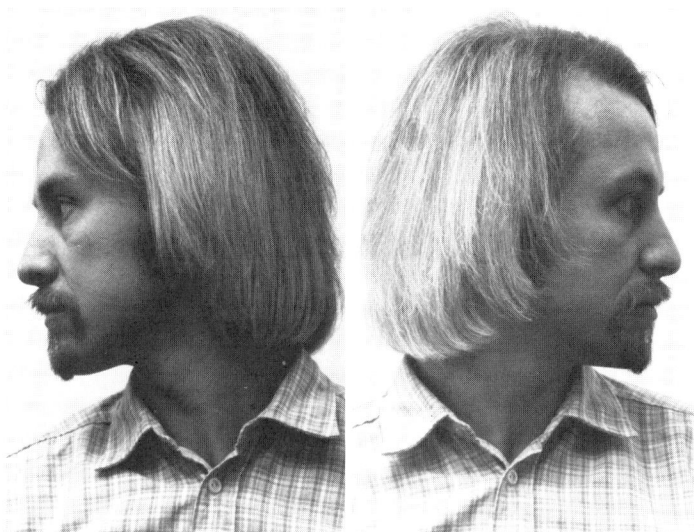

Abb. 24: Wird die linke Gehirnhälfte durch ein Geräusch stimuliert, dreht man den Kopf nach rechts; wird die rechte Gehirnhälfte stimuliert, dreht man den Kopf nach links.

Edu-Kinesthetic und die Ohren

Die Gehör- und Sprachentwicklung ist im allgemeinen als selbstverständlich vorausgesetzt worden, und abgesehen von Hörtests in Fällen, in denen man Taubheit vermutete, hat man bisher wenig in Richtung Hörunterricht unternommen. Die Edu-Kinesthetic und das Muskeltesten führten den Begriff der „Ohrigkeit" ein und ermöglichen es, bilaterale Hörintegration zu messen.

Neuere Gehirnforschungen haben gezeigt, daß, so wie die Augen sich in Richtung eines visuellen Ziels bewegen, die Ohren in Richtung eines Geräusches zeigen. Ein Baby wendet den Kopf in Richtung eines Geräusches, und die auf innere

Reize ansprechenden Sinnesorgane, wiederum im Nacken, veranlassen das Gehirn, das eine oder das andere Ohr zu aktivieren (siehe Abb. 24).

Wie bei den Augen hat die rechte Gehirnhälfte direkten Zugang zum linken Ohr und die linke Gehirnhälfte zum rechten Ohr. Kinder scheinen mit der Fähigkeit geboren zu werden, der Sprache mit dem rechten Ohr zuzuhören – eine Funktion der linken Gehirnhälfte – und Rhythmen mit dem linken Ohr zu hören – eine Funktion der rechten Gehirnhälfte.

Die Ohrendominanz korrespondiert im allgemeinen mit dem dominierenden Auge und der dominanten Gehirnhälfte. Die Richtung, in die man den Kopf dreht, kann dabei aufschlußreich sein. Einige Menschen haben Schwierigkeiten, den Kopf in eine Richtung zu drehen; diese wäre die Seite des nicht-dominanten Ohres.

Das Vorgehen beim Testen auf geblockte Ohrfunktion ähnelt dem des Augentests, nur daß jetzt der Kopf tatsächlich gedreht wird.

Test der Ohren-Ausgeglichenheit und auditiven Integration (siehe Abb. 25)

1. Wählen Sie einen „starken" Indikatormuskel und testen Sie die geradeaus schauende Person.
2. Bitten Sie die Testperson, den Kopf nach rechts zu wenden. Ist der Indikatormuskel „stark" oder „schwach"?
3. Testen Sie jetzt, wenn der Kopf nach links gedreht ist.

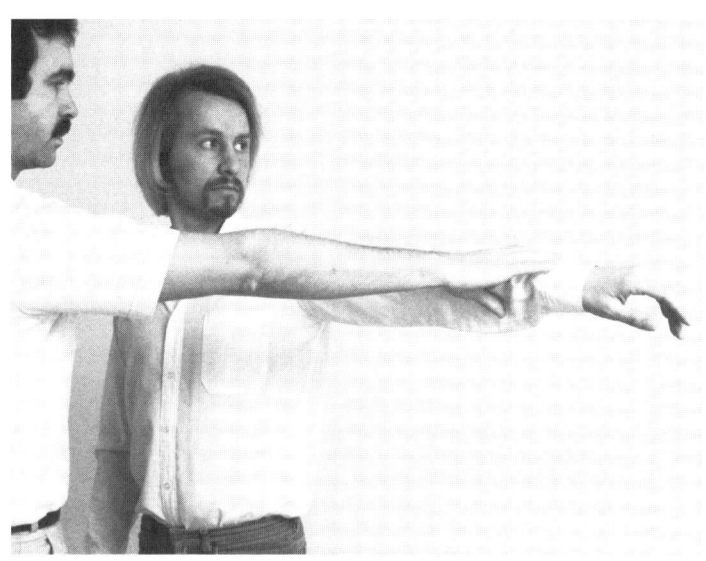

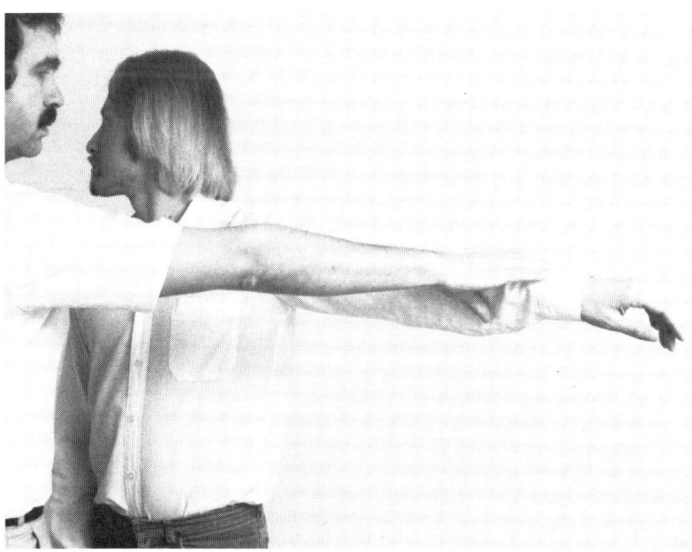

Abb. 25: Testet man den Muskel, wenn der Kopf nach links oder rechts gedreht ist, kann man feststellen, ob sich der Energiefluß für die Hörfähigkeit
im Gleichgewicht befindet oder nicht.

Bedeutung der Testergebnisse

1. Testet die Person bei Drehung nach beiden Seiten „stark", liegt gute auditive Integration vor.

2. Testet sie bei der Drehung nach rechts „schwach", nach links aber „stark", liegt wahrscheinlich eine Dominanz der rechten Gehirnhälfte bei auditiven Funktionen vor, wobei die Fähigkeit zu auditiver Aufmerksamkeit sowie die Gedächtnis- und Hörfähigkeit unterdurchschnittlich sind. Sie werden ihm helfen können.

3. Testet die Person bei der Drehung nach links „schwach", nach rechts aber „stark", liegt eine extreme Dominanz der linken Gehirnhälfte bei auditiven Funktionen vor; der Schüler liest vielleicht langsam, ohne Rhythmus und Ausdruck, seine Sprachentwicklung ist vielleicht auch schlecht und sein Sprechen von Monotonie gekennzeichnet. Auch diesem Schüler werden Sie helfen können.

„Anschalten" der Ohren (siehe Abb. 26)
Falten Sie die Ohren, wie auf der Abbildung gezeigt, nach hinten, wobei Sie von oben nach unten vorgehen. Diese Technik führt den Ohren Energie zu und verbessert die Hör- und Sprachfertigkeiten.

Leuten, die sich mit Muskel-Balance-Techniken beschäftigen, ist diese Ohrenübung als energiespendende Technik bekannt. Ihre Beziehung zur Sprache entdeckte ich, als ich mit Jeffrey arbeitete, einem Jungen, der seit seiner Geburt geradezu taub war. Er hatte sprechen gelernt, indem er die

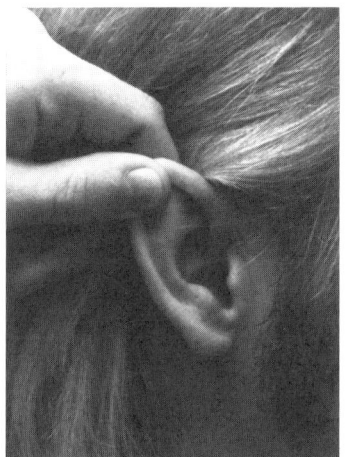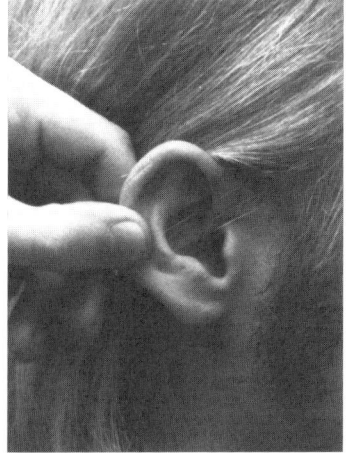

Abb. 26: Durch Falten der Ohren nach hinten, wobei man von oben nach unten vorgeht, führt man ihnen Energie zu; die Hörfähigkeit verbessert sich.

Hand auf den Kehlkopf seiner Mutter legte und durch Aktivierung seiner eigenen Kehlkopfmuskeln die Vibrationsfrequenzen imitierte. Oft kennzeichnen auffälliger Rhythmus, Stimmlage und Ausdruck das Sprechen solch tauber Menschen. Jeffrey jedoch konnte fließend sprechen und sich sprachlich gut ausdrücken.

Eltern und Lehrer bemerkten, daß sich Jeffreys Stimme beim Lesen veränderte. Sie wurde hoch und nasal und verlor alle rhythmischen und expressiven Qualitäten. Die damals gebräuchlichen EK-Techniken brachten keinen Erfolg; weder die Überkreuz-Bewegung noch die Massage der „Niere 27"-Punkte oder die Atem- und Yoga-Techniken, die oben eingehend beschrieben wurden, konnten ihn ins Gleichgewicht bringen. Als letzten

Ausweg führte ich die Technik des Ohrenfaltens durch. Er reagierte sofort. Seine Augen arbeiteten jetzt richtig, seine Muskeln waren gestärkt und, was wohl am aufregendsten war, seine Stimme beim Lesen veränderte sich. Er konnte jetzt mit seiner natürlichen, von der rechten Gehirnhälfte kontrollierten Stimme lesen. Ich werde nie den Moment vergessen, als Jeffreys Mutter mit Entzücken rief: „Haben Sie das gehört? Haben Sie ihn lesen gehört? Ich finde es einfach wunderbar!" Seit dieser Zeit habe ich immer wieder festgestellt, wie wichtig die Dominanz des Ohres und die Aktivierung der Ohren bei Menschen mit geblockter Hörfähigkeit sind.

Zur besonderen Beachtung:
Das menschliche Gehirn entzieht sich einer vereinfachenden Analyse: Deshalb sollen diese Informationen, zusammen mit anderen aus pädagogisch orientierten Tests gewonnenen Daten und gesundem Menschenverstand, dazu dienen, Menschen eine Hilfe zu bieten. Die Sprache entwickelt sich vor dem fünften Lebensjahr in beiden Teilen des Gehirns; bei einigen Menschen, deren Gehirnhälften sich nicht spezialisieren, ergibt sich eine Überlappung von gespeicherten Informationen in beiden Gehirnhälften. Ebenso speichern viele Linkshänder und Menschen mit Kreuz-Dominanz Sprachfertigkeiten in der rechten Gehirnhälfte und die vielen Funktionen der rechten Gehirnhälfte in der linken. Wenn Sie sich dieser Tatsache bewußt sind, werden diese Tests Ihnen helfen, diese Menschen ausfindig zu machen.

Dennison-Lateralitäts-Checkliste

Name: —————————   *Datum:* ———————————

Dominanz		*Festgestellt durch:* (eine oder mehrere Methoden)
Hand	rechts links beidhändig	1. Beobachtung 2. Interview
Auge	rechts links gemischt	1. Blick durch ein Loch 2. Muskeltest 3. Augenbewegungen 4. Beobachtung
Ohr	rechts links gemischt	1. Kopfbewegungen 2. Muskeltest
Gehirn	rechts links	1. Beobachtung 2. Muskeltest 3. Augenbewegungen 4. Kopfbewegungen

Diese Checkliste enthält die Methoden, die sich in der Edu-Kinesthetic als hilfreich erwiesen haben. Anhand der Informationen kann man die Bereiche bestimmen, die Ausbalancierung benötigen. Übereinstimmung in der Bewegung und integrierte Strategien beim Denken und Problemlösen sind die Ziele.

Kapitel VIII
Prolog
Zwei extreme Gegensätze
– Linke Gehirnhälfte und Rechte Gehirnhälfte

Die Helden dieser Fantasiegeschichte sind zwei seltsame, klar umrissene Individuen. Sie unterscheiden sich wie Tag und Nacht, doch sie gehen zur selben Schule, reisen zu denselben Orten und bewerben sich um dieselben Stellen, so als wenn sie gleich wären. Sie sind sich der Existenz des anderen nicht bewußt, doch *sie brauchen sich* mehr, als sie je denken würden. Beide spielen eine wichtige und gleichbedeutende Rolle bei der Lösung des Konflikts, den die Handlung dieses Buches enthält. Um vollkommen zu verstehen, wie ein uraltes Geheimnis gelöst werden kann, muß der Leser diese Figuren sehr gut kennen. Um die Anonymität unserer Personen zu wahren, werden wir sie aus Gründen, die im weiteren Verlauf klar werden, Linke Gehirnhälfte und Rechte Gehirnhälfte nennen.

Linke Gehirnhälfte geht wie ein Computer durch das Leben und sieht sogar wie einer aus. Nichts kann ihn erregen, aber er besitzt die Fähigkeit, Unmengen von Daten effizient und methodisch, Schritt für Schritt, zu verarbeiten und zu speichern. Linke Gehirnhälfte zieht auditive Informationen vor, besonders gesprochene Sprache, und speichert sie auf logische und organisierte Art, so daß sie danach abgefragt werden können.

Wenn man ihn bittet zu sprechen, beginnt er, Daten mit monotoner, elektronischer Stimme auszuspucken. Er druckt und schreibt Daten steif und mechanisch, gegliedert und grammatisch strukturiert nach kodierten Regeln; er kann jedoch nicht zeichnen und betätigt sich nie kreativ oder künstlerisch. Linke Gehirnhälfte kann sich sehr schön auf einen Punkt oder ein Problem konzentrieren und allen Ablenkungen widerstehen, bis er sicher ist, daß er die richtige Antwort gefunden hat. Er analysiert und denkt lieber logisch, als daß er der Intuition vertraut und einem „leisen Gefühl" folgt. Seine Zufriedenheit gewinnt er aus Rationalität, Ordnung und mathematischer Genauigkeit. Er ist angespannt und starr, bewegt sich schwerfällig im Raum und kann sich auf der Tanzfläche durchaus lächerlich machen. Am Sport ist er nicht interessiert und vermeidet Bewegung und Berührung, wenn es nur eben möglich ist. Er sitzt lieber und denkt.

Rechte Gehirnhälfte versteht das Universum als Ganzes und fühlt den Reichtum und die Vollständigkeit aller Erfahrungsdimensionen. Sie würde nicht im Traum versuchen, ein Problem zu verstehen oder logisch zu analysieren. Rechte Gehirnhälfte würde einfach die Wahrheit „kennen" und ihrer Richtigkeit vertrauen. Rechte Gehirnhälfte könnte man einen Künstler nennen. Sie ist äußerst interessiert an ihrer materiellen Umwelt und lebt den gegenwärtigen Augenblick voll aus. Sie benutzt ihre Augen und Ohren zur Speicherung von Bildern, die sie malt, und Melodien, die sie singt.

In ihrer Wiederentdeckung der Schönheit der sie umgebenden Welt befindet sie sich für immer auf der Stufe einer Dreijährigen. Ihre Vorstellungskraft ist grenzenlos, und sie kann leicht visuelle Informationen ins Gedächtnis zurückrufen und konstruieren. Sie lehnt die Verarbeitung auditiver Informationen ab und wird durch Aufgaben verwirrt, bei denen sie zu viel beachten muß. Sie wird von ihren Emotionen regiert und kann im Nu aus einer Ekstase in Verzweiflung fallen. Sie ist immer Schauspieler und ein richtiger „Schmierenkomödiant", wenn man ihr einen Text gibt, und stiehlt die Show. In ihrer Stimme findet die Bedeutung der Wörter ihren Ausdruck, ihre Hände und ihr Körper vermitteln ebenso die Bedeutung. Sie fühlt die Bedeutung des Lebens und sie läßt andere auch „fühlen".

Rechte Gehirnhälfte ist eine gute Sportlerin, und die Bewegungen im Raum sind von guter Koordination gekennzeichnet. Ihre Handlungen erscheinen entspannt und mühelos, denn es besteht vollkommene Harmonie zwischen ihr und ihrem Körper. Sie tanzt hervorragend, denn sie kann sich wirklich in die Musik einfühlen.

Rechte Gehirnhälfte liest schrecklich gern und schreibt grauenhaft. Sie kann Buchstaben kopieren, als ob es Entwürfe wären, sie kann aber nicht schreiben oder erkennen. Sie kann Gesichter erkennen, aber nicht Wörter, außer wenn sie höchst bedeutungsvoll sind wie z. B. Warenzeichen in der Wirtschaft. Die Laut-Symbol-Beziehung, die für die meisten modernen westlichen Sprachen erforderlich ist, ist bei ihr schwach ausgeprägt. Es fällt ihr leichter, Zahlen zu erkennen und sich daran zu erinnern.

Rechte Gehirnhälfte ist sich ihrer gesamten Umwelt bewußt, sie handelt instinktiv, wobei sie oft undiszipliniert erscheint, und impulsiv und kann sich nicht konzentrieren. In Schulen, die ihre Bewegungsfreiheit einschränken, fühlt sie sich unwohl und platzt mit Antworten vielleicht einfach so heraus. Sitzarbeit, Denkaufgaben, Wortspiele und Puzzles langweilen sie.

Es gibt keinen, der diesen beiden beschriebenen Extremen genau entspricht; wahrscheinlich kennen Sie aber nur allzu gut Personen, die Rechter Gehirnhälfte oder Linker Gehirnhälfte ähneln. Kennen Sie solche Leute? Machen diese Profile sie ausgesprochen nervös oder erregen sie den Verdacht, daß einer von ihnen in Ihnen lauert?

Jemand wie Linke Gehirnhälfte wäre ein guter Zuhörer. Er verwandelt Chaos in Ordnung und kann in offensichtlicher Unordnung leben, denn seine Ordnung ist innerlich. Es macht ihm nichts aus, in einer Großstadt zu leben, in einem großen Büro zu arbeiten, laute Musik zu hören oder ein unaufgeräumtes Haus zu sehen. Solange er mit sich selber sprechen kann, ist er glücklich.

Jemand wie Rechte Gehirnhälfte aber muß Ordnung um sich herum haben, um zu funktionieren. Zu viele kontrastierende Geräusche oder visuelle Disharmonie verwirren sie und beeinträchtigen ihre Konzentration. Krach und Durcheinander kann sie nicht ertragen. Sie benötigt eine attraktive, ruhige und friedliche Umgebung, um sich zu entspannen und Vorstellungen entwickeln zu können.

Jemand wie Linke Gehirnhälfte kann sich an das erinnern, was er hört und frei sprechen.

Jemand wie Rechte Gehirnhälfte benötigt sorgfältige Planung und Überarbeitung, wenn sie sprechen soll. Sie macht vielleicht umfangreiche Aufzeichnungen und legt Akten an. Im Gegensatz zu einer Person wie Linke Gehirnhälfte, die sich für eine Aufsatzprüfung entscheiden würde, da sie ihrem Gedächtnis vertraut und die notwendigen Informationen abrufen kann, würde der Typ Rechte Gehirnhälfte einen Multiple-Choice-Test vorziehen, bei dem er die Antworten erkennen muß.

Obwohl wir feststellen können, daß uns Leute an Rechte Gehirnhälfte oder Linke Gehirnhälfte erinnern, funktioniert im wirklichen Leben keiner genauso wie diese beiden (außer nach bestimmten chirurgischen Eingriffen oder einem Schlaganfall). Man kann jedoch wie Rechte Gehirnhälfte oder Linke Gehirnhälfte funktionieren, wenn man unter Streß steht; deshalb ist das Erkennen dieser Verhaltensweisen so wichtig.

Ein „angeschaltetes" Gehirn

Um die Bedeutung des Gehirns beim Erlernen von Lesen, Schreiben, Buchstabieren und Rechnen zu verstehen, ist es hilfreich, an den Schalter eines Haushaltsgerätes, z. B. eines Staubsaugers zu denken. Wenn wir den Schalter auf „an" stellen, arbeitet das Gerät. Aber was passiert eigentlich wirklich? Zunächst trifft man die Entscheidung, ihn an-

Ihre Karte entnahm ich dem Buch

☐ Bitte halten Sie mich über Ihre Neuerscheinungen auf dem laufenden

☐ Bitte senden Sie mir Informationsmaterial über Literatur und Kurse in

☐ Angewandter Kinesiologie

☐ Touch for Health (Gesund durch Berühren)

☐ Edu-Kinesthetic

☐ Natürlich besser sehen

Bitte Absender auf der Rückseite nicht vergessen!

Absender:

Beruf _____

_____

_____

ANTWORTKARTE

Institut und Verlag
für Angewandte Kinesiologie
Zasiusstr. 67

7800 Freiburg

zuschalten. Ist er angeschaltet, fließt Energie in Form von Elektrizität von einer Stromquelle, dem Kraftwerk, zum Motor, der für die Ausübung einer bestimmten Funktion (Räder drehen, Riemen antreiben etc.) entworfen oder programmiert ist. Wenn die Funktion nicht länger benötigt wird, schalten wir ab und unterbrechen so die Botschaft zur Maschine.

Die Beziehung zwischen Gehirn und Körper sieht genauso aus. Wenn das Gehirn entscheidet, welche Arbeit verrichtet werden muß, ist unser Körper eine fantastische Maschine, die Botschaften durch das Nervensystem erhält. Wenn wir ein Glas in die Hand nehmen wollen, sendet die im Gehirn getroffene Entscheidung Kraft in die Muskeln, um dies auszuführen. Der Muskel kontrahiert, wenn wir das Signal geben, und entspannt, wenn wir das Signal unterbrechen. Das Gehirn sendet und unterbricht ständig Botschaften an alle Muskeln und Körperorgane. Die meisten Entscheidungen werden dabei automatisch und unwillkürlich getroffen, denn wir könnten nicht funktionieren, wenn wir über die Regulierung unseres Herzschlags, unserer Atmung, unserer Verdauung etc. bewußt nachdenken müßten. Wir setzen dieses Anschalten und Abschalten als selbstverständlich voraus.

Das menschliche Gehirn

Unser Gehirn sollte man eigentlich „Gehirne" nennen, da wir alle zwei einzigartige und spezialisierte Hälften besitzen, die unsere Körperfunktionen kontrollieren und unser Wissen für zukünftige Entscheidungen ordnen (siehe Abb. 27). Diese beiden Gehirnhälften sind als Hemisphären bekannt; die linke Hemisphäre ist hauptsächlich für die rechte Körperseite verantwortlich, die rechte Hemisphäre für die linke Körperseite. Ein Bündel von Nervenfasern, das Corpus callosum, verbindet die beiden Gehirnhälften. Ein komplexes System von Schaltstellen entwickelt sich in der Kindheit, um Informationen aufeinander abzustimmen und zu integrieren, so daß die beiden Gehirnhälften harmonisch koordinieren können. Im Bedarfsfall können die Hemisphären die Funktionen der anderen übernehmen, und eine Hemisphäre kann so für eine bestimmte Aufgabe dieselbe Körperseite kontrollieren. Je komplexer die Aufgabe ist, desto stärker sind im allgemeinen beide Gehirnhälften an der Operation beteiligt.

Die beiden Gehirnhälften unterscheiden sich nicht nur in ihrer Verantwortung für das „An"- und „Abschalten" des Körpers, sie haben auch getrennte Funktionen hinsichtlich Bewußtsein und Denkprozessen. So wie eine Dualität das Universum zu kennzeichnen scheint, sei es nun Tag und Nacht, Yin und Yang, Verstand und Intuition, Logik und Kunst oder links und rechts, so scheint auch das Gehirn diese Polarisierung aufzuweisen. Die linke Hemisphäre ist vorwiegend verantwortlich für analytisches Denken, besonders für Sprache und Logik. Sie wird „angeschaltet", wenn wir computerartige, gegliederte und strukturierte Informationen verarbeiten müssen. Im Gegensatz

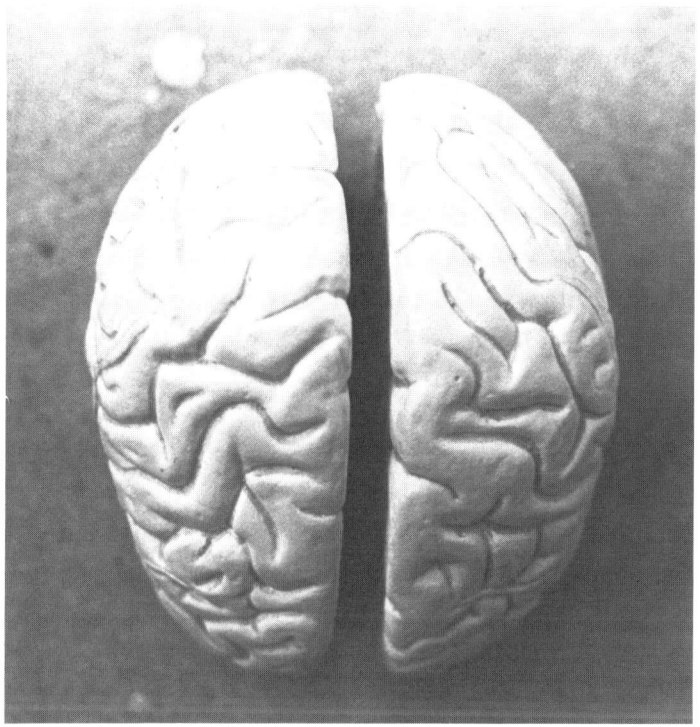

Abb. 27: Die rechte und die linke Gehirnhälfte sind zwei völlig getrennte Organe, die nur durch Bündel von Nervenfasern, das Corpus callosum, verbunden werden.

dazu ist die rechte Hemisphäre verantwortlich für unser visuelles Gedächtnis, unsere Orientierung im Raum, für künstlerische Fähigkeiten, Gefühle und Emotionen, Körperbewußtsein und Erkennen von Gesichtern. Sie wird „angeschaltet", wenn wir Informationen nicht linear, sondern als Ganzes, also gleichzeitig verarbeiten müssen. Jeder scheint mit der Vorstellung vertraut zu sein, daß es einen Unterschied zwischen den Gehirnhälften gibt. Die meisten von uns, sogar die, die auf dem Gebiet arbeiten, haben jedoch nicht weit über diesen Punkt hinaus gedacht.

Nach fünfzehn Jahren Forschung und Experimentieren mit Schülern bietet die Edu-Kinesthetic nun eine Methode, die zu einem Verständnis der Vorgänge im Gehirn führt, welche sowohl der Laie als auch der Fachmann für praktische Zwecke anwenden kann. Wir sind begeistert darüber, da sie funktioniert und einen Sinn ergibt und viel erklärt, was zuvor schwer faßbar war. Wir behaupten nicht, daß wir die Lösung für jedes Problem kennen; unser Konzept ist jedoch so nützlich, überschaubar und voraussagbar, daß wir meinen, wir sind „Riesenschritte" voraus, und die Erfolge, die wir sowohl mit normalen als auch mit geistig zurückgebliebenen Kindern erzielen, sind unglaublich.

Im folgenden wird beschrieben, wie die Edu-Kinesthetic es uns ermöglicht, Jimmy zu verstehen und mit ihm zu arbeiten:

1. Bei Jimmy liegt eine Dominanz des linken Auges und der rechten Gehirnhälfte vor, was mit Hilfe eines Muskeltests festgestellt wurde. Wenn seine Augen nach links gerichtet sind, testet er „stark", wenn sie nach rechts gerichtet sind, testet er „schwach". Hört er mit dem linken Ohr (verbunden mit der rechten Gehirnhälfte), testet er „stark", hört er mit dem rechten Ohr, testet er „schwach".

2. Wenn er das Muster zu zeichnen beginnt, ist seine rechte Gehirnhälfte aktiviert und testet

„stark", da er bei Einsatz des linken Auges im linken visuellen Feld gut funktioniert. Seine rechte Gehirnhälfte übt die Kontrolle aus, er ist glücklich und sich seines Körpers bewußt.

3. Wenn er die Körpermitte erreicht, wo es wichtig ist, daß beide Augen eingesetzt werden und sie aufeinander abgestimmt sind, kommt es zu einem Konflikt, da die beiden Gehirnhälften nicht gelernt haben, im rechten Feld zusammenzuarbeiten. Die linke Gehirnhälfte sollte eigentlich die Kontrolle übernehmen und die Bewegung von außen nach innen zur Mitte hin geistig umsetzen in eine Bewegung von innen nach außen von der Mitte weg, während die rechte Gehirnhälfte das visuelle Feedback liefert; Jimmy bliebe sich so des Ganzen bewußt, während er sich auf den Teil konzentriert.

4. Stattdessen strengt sich Jimmy zu sehr an. Er schaltet die rechte Gehirnhälfte, seine dominante, starke Hemisphäre, ab (durch Muskeltest herausgefunden), um sich auf seine Aufgabe und den Einsatz der linken Gehirnhälfte zu konzentrieren. Seine rechte Gehirnhälfte geht in einen Alpha-Wellen-Zustand über, während er sich abmüht, die Mittellinie zu überqueren, das rechte Auge einzusetzen und im rechten visuellen Feld zu arbeiten. Ein EEG oder VER würde ergeben, daß Jimmy hinsichtlich seiner Gehirntätigkeit einer auf dem linken Auge blinden Person ähnelt.

5. Anstatt das zu kopierende Muster so zu sehen und zu zeichnen, wie es die rechte Gehirnhälfte

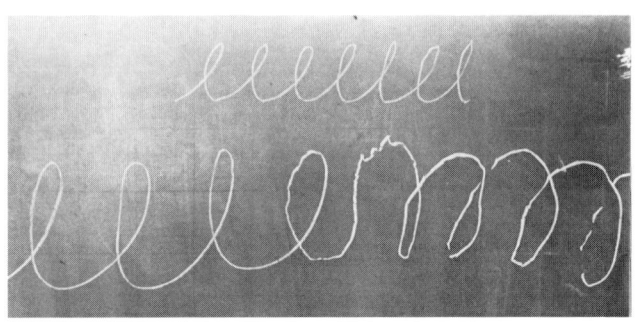

Abb. 28: Ich bat Jimmy, das oben abgebildete Muster nachzuzeichnen. Jimmy stand dabei in der Mitte und zeichnete von links nach rechts, wobei er die Kreide in der rechten Hand hielt.

mit dem linken Auge sehen würde, entsteht bei ihm das reziproke Bild indirekt über das Corpus callosum; ihm fehlt der Feedback-Feed-forward-Mechanismus, um sich selbst korrigieren zu können. Das Bild auf der Netzhaut steht in Wirklichkeit auf dem Kopf. Da er nicht gewohnt ist, seine linke Gehirnhälfte und sein rechtes Auge allein zu gebrauchen, ist er verwirrt. Es ist unsere Erfahrung, uns im Raum zu bewegen – eine Fähigkeit der rechten Gehirnhälfte –, die uns lehrt, das wahrzunehmen, was wir sehen.

Die Erklärung für Jimmys Erfahrung vermittelt uns die Einsichten, die für das Verständnis und für die Arbeit mit den beiden Gehirnhälften entscheidend sind.

1. Es gibt zwei getrennte Gehirnhälften, die rechte und die linke, die mit der Wahrnehmung der physischen Realität zu tun haben.

2. Die beiden Gehirnhälften arbeiten entweder zusammen oder sie geraten in Konflikt. Der

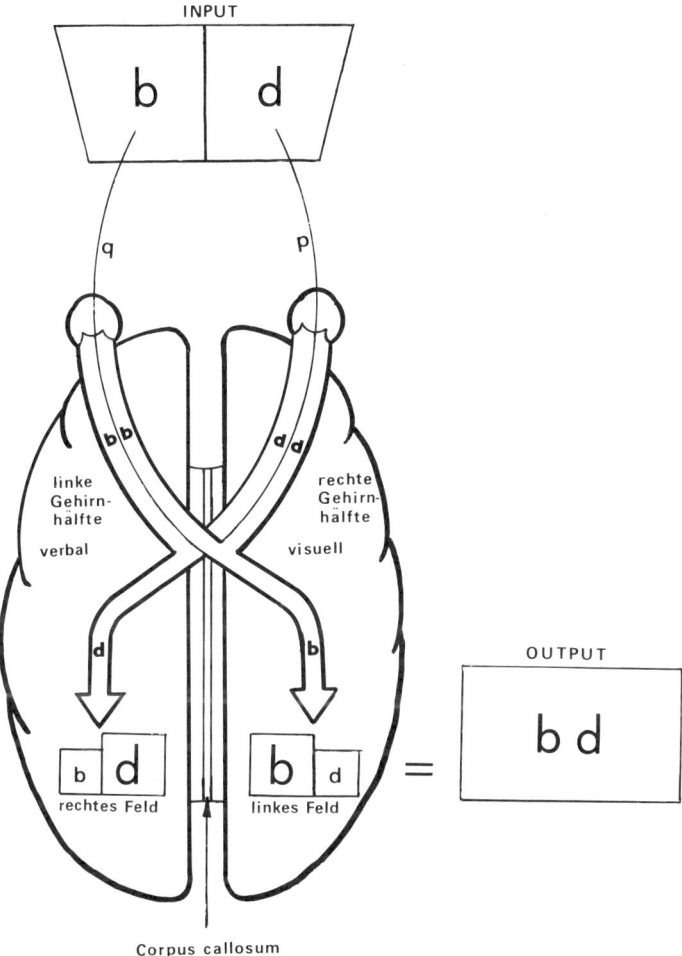

Abb. 29: Nervenbahnen verbinden bei normalen Menschen die Hälften des visuellen Feldes mit jeweils einer Gehirnhälfte. Für eine effiziente Informationsverarbeitung ist das Feedback der anderen Gehirnhälfte über das Corpus callosum notwendig (dargestellt durch die kleineren Kästchen). Die linke Gehirnhälfte erhält die Informationen direkt vom rechten Auge und vom linken Auge indirekt über das Corpus callosum, das die beiden Hälften zu diesem Zweck verbindet. Die rechte Gehirnhälfte erhält die Informationen direkt vom linken Auge und indirekt vom rechten. Die rechte Gehirnhälfte verarbeitet visuell das Ganze. Die linke Gehirnhälfte analysiert und verarbeitet Informationen durch Sprache und Logik.

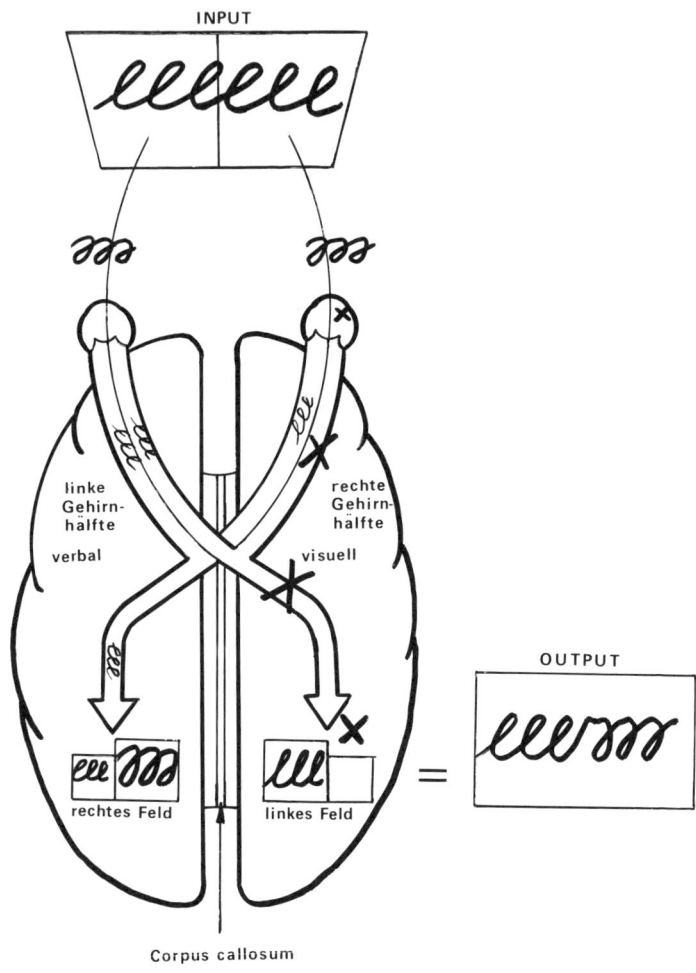

Abb. 30: Blockierte Nervenbahnen zur rechten Gehirnhälfte rufen Verwirrung hervor, da das Feedback der rechten Gehirnhälfte nach dem Kreuzen der Mittellinie in das rechte Feld ausbleibt. Falsche Information der linken Gehirnhälfte dominiert.

Konflikt kann zu unzureichender Informationsverarbeitung und zum Abschalten führen.

3. Die beiden Gehirnhälften nehmen Informationen gänzlich unterschiedlich wahr. Wir müssen das Bewußtsein einer jeden verstehen, um effektiv zu lernen.

4. Es ist wichtig, sich des gesamten visuellen Feldes bewußt zu sein und die Fähigkeit zu besitzen, auf jeder Seite des Feldes und über die Mittellinie weg zu arbeiten.

5. Man muß sich ohne Streß konzentrieren können, um das Abschalten einer Gehirnhälfte zu vermeiden. Wir müssen uns immer der Tatsache bewußt sein, daß „das Ganze mehr als die Summe seiner Teile ist".

6. Das Funktionieren der rechten Gehirnhälfte ist entscheidend für die körperliche Leistungsfähigkeit.

Um uns selbst oder anderen beim Lernen, Wachsen und Sich-Verändern helfen zu können, müssen wir wissen, wie vorzugehen ist. So wie einige Pflanzen mehr Sonne und andere mehr Wasser brauchen, haben auch Menschen individuelle Bedürfnisse, die erkannt werden müssen.

Zwei Lerntypen

Die Edu-Kinesthetic bietet eine einzigartige Methode, zwei sich unterscheidende grundlegende Lerntypen zu identifizieren und zu diagnostizieren. Jeder Mensch gehört einer dieser Gruppen an, und hat man eine Zuordnung vorgenommen, ähneln sich die Charakteristika der Menschen innerhalb einer Gruppe. Hat man erst einmal bestimmt, ob die rechte oder die linke Gehirnhälfte abgeschaltet wird, kann man geeignete Maßnahmen planen und in die Praxis umsetzen, anstatt nach dem „trial and error"-(Versuch und Irrtum-)Prinzip vorzugehen oder wohlgemeinte, aber unangebrachte Anstrengungen zu unternehmen.

Es macht Spaß, und es ist auch nützlich, etwas über die eigene neurologische Organisation zu erfahren. Finden Sie mit einem Partner heraus, zu welchem Typ Sie und er gehören. Stimmt das Ergebnis mit Ihren persönlichen Eigenschaften überein? Liefert es Ihnen Erklärungen für Dinge, über die Sie sich immer schon gewundert haben?

Die Theorie über die zwei Gehirnhälften ist sorgfältig entwickelt worden (siehe Kap. VIII). Sind Sie ein auditiver oder ein visueller Typ? Beim auditiv Lernenden wird das Denken von der linken Gehirnhälfte kontrolliert; er identifiziert Wörter nach den Lauten, buchstabiert phonetisch, ist verbal und logisch ausgerichtet und zieht es vor, Regeln zu folgen. Beim visuell Lernenden wird das Denken von der rechten Gehirnhälfte kontrolliert, er zieht das Lesen und Buchstabieren vom Blatt vor und ist kreativ und intuitiv beim Problemlösen. Infolge der Komplexität der neurologischen Organisation war es jedoch ohne Muskeltest nicht so einfach, wie es sich vielleicht anhört, eine Person zu klassifizieren.

Die beiden Lerntypen werden folgendermaßen identifiziert:

1. man findet heraus, welche Gehirnhälfte dominant ist, und

2. man stellt fest, welche Gehirnhälfte bei der Beanspruchung des Lesens, Schreibens, Buchstabierens oder Sprechens abgeschaltet ist, und man beobachtet, was im Mittelbereich des visuellen Feldes passiert.

Nehmen wir einmal an, Sie waren als Kind „Legastheniker" und konnten weder lesen noch schreiben. Sie hatten künstlerisches Talent und wurden Maler, da Sie zu einer Kunstschule zugelassen wurden. Sie verbrachten fünfzehn Jahre Ihres Lebens mit Malen, bevor Sie erkannten, daß Sie eigentlich ein Schriftsteller sind und ein verbales Medium einem visuellen vorziehen. Ein einfacher Muskeltest bestätigt, daß Malen ein Abschalten der dominanten linken Gehirnhälfte erfordert und Streß hervorruft, während Schreiben Ausgeglichenheit schafft und die beiden Gehirnhälften harmonisch kooperieren läßt. Genau dies ist einem nahen Verwandten passiert. Die Edu-Kinesthetic hat ihm geholfen, für sein Leben Entscheidungen zu treffen, die er gefühlsmäßig für richtig hielt und die jetzt bestätigt wurden.

Ein weiteres Beispiel ist der Fall eines fleißigen Schülers, der durch Ausdauer und Entschlossenheit seine „Legasthenie" überwand. Er war überzeugt davon, daß er es in der Schule schaffen könnte, und „zeigte es ihnen", indem er jahrelang studierte und schließlich promovierte. In der Annahme, daß er ein auditiv Lernender sei, da er die von den Kunstlehrern gestellten Kunstaufgaben nicht sauber ausführen konnte und da er ein guter Schreiber war, schlug er eine Laufbahn ein, die verbale Lernqualitäten erforderte. Ein einfacher Muskeltest hätte gezeigt, daß seine rechte Gehirnhälfte dominant ist und somit vorwiegend visuell lernt. Er konnte zwar auditive, von der linken Gehirnhälfte kontrollierte Arbeit ausführen, aber nur auf Kosten unterdrückter Kreativität und Flüssigkeit. In seinem Fall waren Kurzsichtigkeit, schlechte Körperhaltung und Anspannung das Ergebnis. Dies ist mein Profil, doch glücklicherweise bin ich heute ausgeglichener, da ich gelernt habe, mich zu entspannen und meine rechte Gehirnhälfte anzuschalten.

Schalten Sie die rechte oder die linke Gehirnhälfte aus? Die Edu-Kinesthetic nimmt an, daß bei den meisten Menschen der modernen, industrialisierten Welt des zwanzigsten Jahrhunderts ein ähnliches Schema wie bei mir vorliegt. Wir lernen, uns zu sehr anzustrengen und die rechte Gehirnhälfte abzuschalten, wenn wir unter Druck stehen.

Das Kapitel über das Schreiben wird mehr Licht auf des Thema „linke und rechte Gehirnhälfte" werfen und stellt somit eine Fortsetzung der Diskussion dar.

Anhand der unten aufgeführten Listen kann man die Funktionen und Denkweisen der Gehirnhälften vergleichen. Denken Sie beim Durchgehen daran, daß jedes Paar vollkommene Gegensätze enthält.

Charakteristika der linken und rechten Gehirnhälfte

Linke Gehirnhälfte	Rechte Gehirnhälfte
auditiv	visuell
kurzsichtig	weitsichtig
konvergierend	divergierend
analysierend	synthetisierend
abstrakt	konkret
rational	emotional
zeitlich	räumlich
digital	analog
objektiv	subjektiv
aktiv	passiv
angespannt	entspannt
parasympathisch	sympathisch
propositionell	appositionell
der Reihe nach – linear	Gestalt – simultan
mental	intuitiv
wissenschaftlich	künstlerisch
logisch	gefühlsmäßig
introvertiert	extrovertiert
neurotisch	psychotisch

Kapitel IX
Schreibanalyse

Nachdem Ruth und ich uns wie üblich begrüßt hatten und ich empfand, daß sie ausreichend entspannt für die Sitzung war, sagte ich zu ihr: „Nimm bitte Bleistift und Papier, wir machen einen kleinen Schreibtest." Sofort konnte ich Veränderungen in ihrem Körper feststellen, alle Streßzeichen waren plötzlich vorhanden: Ihre Haut wurde blaß, sie runzelte die Stirn, ihr Kiefer war verspannt und ihre rechte Schulter fiel beim Einnehmen der Schreibhaltung herunter. Sie drehte den Kopf nach rechts und lehnte sich nach links hinten. Mit dem Bleistift in der rechten Hand drehte sie das Blatt Papier so, daß ihre Handführung beim Schreiben senkrecht zum Körper verlaufen würde. Während sie schrieb, bewegte sie die linke Körperseite nicht. Abgesehen von ihrer rechten Hand und ihrem linken Arm waren nur Bewegungen im Gesicht festzustellen, das sie verschiedentlich verzog, während sie mit dem rechten Auge beobachtete, was sie tat (siehe Abb. 31).

Die Schriftanalyse wird seit Jahren als Möglichkeit angesehen, einen Schlüssel zum Geheimnis des Geistes, der Gesundheit und der Persönlichkeit des Schreibenden zu finden. Man kann aus einer Schriftprobe viel lernen, aber das ist nicht das Ziel dieses Kapitels. Die Schriftanalyse beschäftigt sich mit dem Ergebnis des Schreibens, die Edu-Kinesthetic dagegen ist am Prozeß des Schreibens

Abb. 31: Die Haltung des Schreibenden ist ein Symptom für Streß, der auf das Informationsverarbeitungssystem einwirkt.

interessiert. Mit Hilfe von Muskeltests und geschulten Beobachtungen gewinnen wir Einsichten in die Vorgänge, die beim Schreibenden ablaufen, um Symbole aufs Papier zu bringen! Die Edu-Kinesthetic glaubt, daß in den meisten Fällen der Schlüssel zum Lernen darin zu finden ist, daß man Körperhaltung, Bewegung und Sehgewohnheiten beim Schreiben fachmännisch analysiert und durch positiv verstärkte Umprogrammierung schwächende Gewohnheiten durch stärkende ersetzt. Dieses Buch beschäftigt sich hauptsächlich damit, daß Lesen und Schreiben expressive Handlungen sein müssen, um Erfolg zu haben. Ein Leseproblem ist auch ein Schreibproblem, und das „Anschalten" der expressiven Sprache des Kindes hat mit der Lösung der Probleme mehr zu tun als das Sich-Einprägen von Wörtern oder die Bearbeitung eines Lesearbeitsbuches. Die Edu-Kinesthetic zeigt, wie einfach es ist, ein Lernproblem zu verstehen und zu lösen, bevor es ernst wird, und wie man eine Person mit fortgeschrittener Lernbehinderung „umdrehen" kann. Was man benötigt, ist Wille zu Veränderung, eine ausgeglichene Umwelt und etwas liebevolle Geduld.

In diesem Kapitel werden Sie lernen:

1. eine „abgeschaltete" Körperhaltung zu erkennen und zu beobachten,
2. die Leistungen im visuellen Feld zu analysieren,
3. durch Einsatz von Muskeltests einer anderen Person zu helfen, eine „angeschaltete" Körperhaltung zu internalisieren,

4. mit Hilfe von Muskeltests herausfinden, ob Lernen sowohl in der linken als auch in der rechten Gehirnhälfte stattfindet.

Handdominanz und Schreibfähigkeit

Die Fertigkeit des Schreibens ist wie die des Lesens eine Erfindung des Menschen, die für das Erlernen ein gewisses Maß an Anpassung erfordert. Einigen Menschen fällt es leicht, Schreiben zu lernen, anderen jedoch nicht. Falsche Vorstellungen über die Bedeutung der Händigkeit und der Dominanz beim Schreiben haben Millionen von Kindern Kummer und Mühsal bereitet und das Potential von Millionen von anderen beeinträchtigt. Wir alle wissen, daß wir in einer Welt von Rechtshändern leben und daß die meisten Menschen mit der dominanten rechten Hand schreiben. Die rechte Hand erfüllt die Aufgaben besser, da die dominante Gehirnhälfte, in diesem Fall die linke, bewußte Kontrolle über sie ausübt. Dies ist in Ordnung, wenn Kontrolle benötigt wird, wie beim Erlernen des Schreibens. Hat man es jedoch erst einmal erlernt, so argumentiert die Edu-Kinesthetic, muß das Schreiben eine von der rechten Gehirnhälfte kontrollierte Aufgabe werden, unabhängig von Händigkeit und Dominanz. Das Schreiben erfordert freie Bewegung, Fluß und Ausdruckskraft und muß mit dem Energiefluß im Körper übereinstimmen. So wie man automatisch, rhythmisch und ohne bewußte Kontrolle atmet, so muß man auch schreiben. Um Ausgeglichenheit beim Schreiben zu erzielen, muß die rechte Gehirnhälfte – und nicht die linke – die rechte Hand kontrollieren. Schenkt die linke Gehirnhälfte dem Schreiben zu viel Beachtung, wenn sie sich eigentlich um die mitzuteilenden Gedanken kümmern sollte, wird die Fähigkeit des Schreibens und die Rechtschreibung blockiert. Eine Antwort auf die Frage, warum so viele Menschen dieses „Abschalten" lernen, erhält man, wenn man den Entwicklungsprozeß der Schreibfertigkeit versteht.

Energie entgegen dem Uhrzeigersinn

Neurologen, Psychologen und Pädagogen ist seit Jahrzehnten bekannt, daß Kinder, wenn sie reif für das Lesen sind, wenn sie also den geistigen Entwicklungsstand eines Fünfeinhalb- bis Siebeneinhalbjährigen haben, beginnen, beim Schreiben Kreise entgegen dem Uhrzeigersinn zu bilden. Die Kinder, die dies nicht machen, sind die, die Probleme haben. Die Edu-Kinesthetic hat erkannt, daß diese Bewegung entgegen dem Uhrzeigersinn ein Bewegen der Energie der rechten Gehirnhälfte nach links ist, so wie die rechte Gehirnhälfte eine Drehung des Kopfes und der Augen nach links veranlaßt. Wenn das Kind die Notwendigkeit fühlt, Kreise entgegen dem Uhrzeigersinn zu malen, zeigt die rechte Gehirnhälfte an, daß sie bereit ist, die Kontrolle über das Schreiben von der linken Gehirnhälfte zu übernehmen. Die letztgenannte kann sich somit mit Sprache, Lauten und verbalen Botschaften beschäftigen. Die Spezialisierung der Gehirnhälften findet statt, während das Kind reift. Zuvor haben beide Gehirnhälften dasselbe gemacht. Von nun an ist die Spezialisierung wegen der Komplexität der Informationsverarbeitung notwendig.

Um den Einfluß der Kreise entgegen dem Uhrzeigersinn auf das Energiegleichgewicht zu beweisen, führen Sie mit Ihrem Schüler/Partner den folgenden Muskeltest durch:

1. Identifizieren Sie einen „starken" Indikatormuskel.
2. Bitten Sie den Schüler, einen Kreis zu zeichnen (in der Luft, auf Papier oder an der Tafel).
3. Stellen Sie fest, ob er im Uhrzeigersinn oder entgegen dem Uhrzeigersinn gezeichnet wurde.
4. Testen Sie den Indikatormuskel.
5. Wurde der Muskel beim Zeichnen im Uhrzeigersinn „schwach"?
6. Blieb der Muskel beim Zeichnen entgegen dem Uhrzeigersinn „stark"?
7. Bitten Sie den Schüler, noch einmal einen Kreis zu zeichnen, dieses Mal in die entgegengesetzte Richtung.
8. Testen Sie den Muskel und notieren Sie die Ergebnisse.

Die „Liegende 8"

Alles Geschriebene, ob wir es sehen oder fühlen, wird im visuellen Feld wie eine auf der Seite liegende 8 (∞) wahrgenommen. Diese Figur füllt das gesamte Feld aus; der Kreuzungspunkt liegt dabei im Zentrum oder auf der Mittellinie, wo die linke und die rechte Gehirnhälfte integriert sein und zusammenkommen müssen. Wenn wir das Zentrum den Ausgangspunkt nennen, geht das Schreiben von Buchstaben von hier aus entweder in eine Bewegung entgegen dem Uhrzeigersinn über (a, d, g, q), oder es beginnt mit einem Abstrich und geht dann in eine Bewegung im Urzeigersinn über. Alle Buchstaben können in die „Liegende 8" integriert werden, wenn man sie im Geiste übereinanderlegt (siehe Abb. 32).

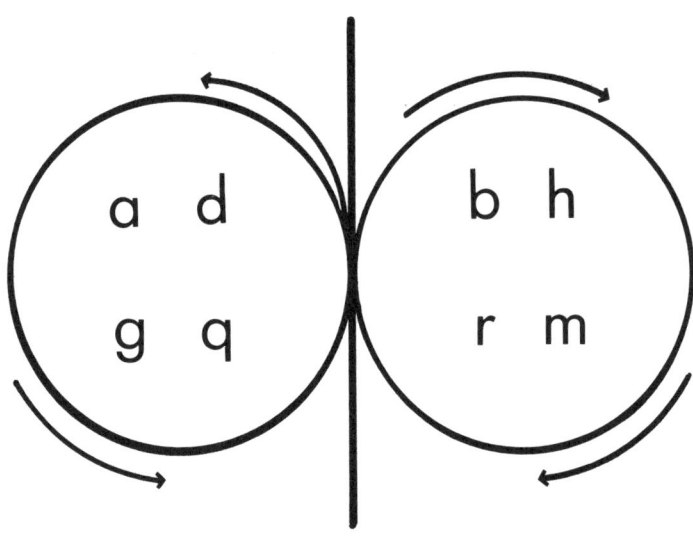

Abb. 32: Die „Liegende 8" entspricht unserem visuellen Feld. Das Zeichnen und Schreiben von Buchstaben beginnt an der Mittellinie. Wenn Energie sich zuerst entgegen dem Uhrzeigersinn vom Zentrum wegbewegt, bleibt der Schreibende ausgeglichen. Wenn Energie sich im Uhrzeigersinn bewegt, tritt Unausgeglichenheit auf. Buchstaben wie z. B. a, d, g müssen mit einer Bewegung entgegen dem Uhrzeigersinn beginnen, Buchstaben wie b, h, r beginnen mit einem Strich nach unten, danach kann die Bewegung im Uhrzeigersinn verlaufen.

Führen Sie mit Ihrem Schüler/Partner die folgenden Experimente durch, um die Kraft der „Liegenden 8" zu beweisen:

„Liegende 8"-Muskeltest

1. Identifizieren Sie einen „starken" Indikatormuskel.
2. Bitten Sie den Schüler, mit beiden Händen (die Handflächen berühren sich), eine „Liegende 8" in der Luft zu zeichnen, wobei er vom Zentrum aus im Uhrzeigersinn vorgeht.
3. Testet der Indikatormuskel nun „stark" oder „schwach"?
4. Wenn er „schwach" testet, lassen Sie ihn die „Liegende 8" noch einmal zeichnen, dieses Mal vom Zentrum aus in einer Bewegung entgegen dem Uhrzeigersinn beginnend.
5. Testen Sie die Person wieder. Ist der Muskel wieder „stark"?

„Liegende 8"-Muskeltest für Buchstaben

1. Identifizieren Sie einen „starken" Indikatormuskel.
2. Bitten Sie den Schüler, irgendeinen Kleinbuchstaben zu schreiben.
3. Testet er danach „schwach"?
4. Suchen Sie einen Buchstaben, wenn es einen gibt, der beim Schreiben eine „Schwächung" des Muskels hervorruft.
5. Erhalten sie eine „schwache" Muskelrelation, so stellen Sie fest, ob der Schüler den Buchstaben in Übereinstimmung mit dem Energiefluß der „Liegenden 8" schreibt.

6. Wenn der Schüler einen Buchstaben nicht richtig schreibt, geben sie ihm die Anweisung, ihn gedanklich auf die „Liegende 8" zu legen; testen Sie den Muskel erneut und achten Sie auf den Unterschied in seiner Stärke.

Wir haben diesen Test in Seminaren mit Erwachsenen durchgeführt und ausgesprochen positive und aufschlußreiche Ergebnisse erzielt. Man hörte Kommentare wie „Jetzt schreibe ich meinen Namen nicht mehr falsch" oder „Ich mußte früher immer anhalten und nachdenken, wenn dieser Buchstabe kam".

Körperhaltung und Schreiben

Um festzustellen, ob jemand beim Schreiben „abschaltet", kontrollieren Sie zunächst die Körperhaltung. Wenn die Testperson eine Haltung wie die in Abbildung 31 gezeigten einnimmt, schreibt sie voraussichtlich nach links oder rechts von der Mittellinie aus gesehen. Der Körper sagt dabei: „Ich habe gelernt, mit meiner linken Gehirnhälfte zu schreiben, und ich nehme noch immer dieselbe Haltung ein wie in der Grundschule, als meine O's nie rund genug waren." Diese Körperhaltung erfordert, daß die Augen aus verschiedenen Entfernungen auf das Papier sehen, und kann bei einzelnen schon zu Sehproblemen geführt haben. Wenn Sie eine „abgeschaltete" Schreibhaltung vermuten, führen Sie Muskeltests durch, um Ihren Verdacht zu bestätigen:

Test für „abgeschaltete" Körperhaltung

1. Identifizieren Sie einen „starken" Indikatormuskel.
2. Lassen Sie Ihren Schüler einen kurzen Satz schreiben.
3. Testen Sie den Indikatormuskel erneut.
4. Ist er „schwach"?
5. Wenn er „schwach" ist, hat irgend etwas ihn dazu gebracht, „abzuschalten".

Um eine „abgeschaltete" Schreibhaltung zu korrigieren, verändern Sie die Haltung so, daß sie dem Ideal, so wie Sie es sich vorstellen, näherkommt. Ziehen Sie dabei die Beispiele in Abb. 33 zu Rate. Rücken Sie das Papier mehr in Richtung Mitte, wenn der Schüler es seitlich gelegt hat. Weisen Sie ihn an, seinen Kopf aufrecht zu halten, ungefähr 50 cm vom Blatt weg. Verändern Sie den Lagewinkel des Blattes, wenn er es seitlich gedreht hat, um auf einer senkrechten Linie zu schreiben. Zeigen Sie ihm, wie man den Bleistift hält; er sollte locker gehalten und die Hand sollte nach innen gedreht sein, so daß man die Bleistiftspitze sehen kann. Wenn er dann mit richtiger Stift- und Körperhaltung schreibt, wird man mit Hilfe eines Muskeltests feststellen, daß der Schüler „stark" ist. Die Aufdeckung der Unausgeglichenheit beim Schreiben und Ihre Korrektur mit Hilfe des Muskeltests beeinflussen den Schüler so stark, daß in vielen Fällen permanentes „Angeschaltetsein" beim Schreiben schon nach einer Demonstration erzielt wird. Ist eine Person erst einmal für das Lernen „angeschaltet" worden, und hat der Muskeltest ihr

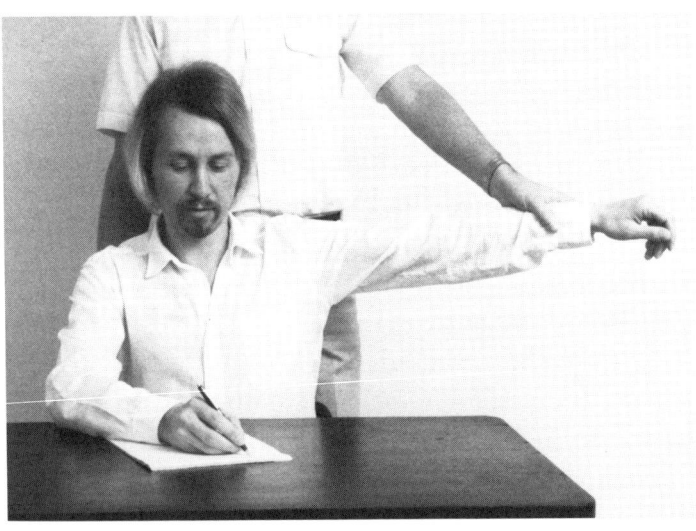

Abb. 33: Ein Muskeltest während des Schreibens wird durch positive Verstärkung die richtige Körperhaltung „einrasten" lassen oder Unausgeglichenheiten aufdecken.

den Erfolg bewußt gemacht, kann der geschickte Helfer für noch mehr Ausgeglichenheit beim Lernen sorgen und dies mit Hilfe von Muskeltests bestätigen. Es gibt keine bessere positive Verstärkung (siehe Abb. 33).

Kapitel X
Schalten Sie an auf Lesen

Ralph, zehn Jahre alt, kann sich von einer Zeile zur nächsten an kein Wort mehr erinnern. Er strengt sich zwar sehr an, lesen zu können, aber er lernt es einfach nicht. Er kann die Wörter von Leselernkarten oder von Listen ablesen, vergißt aber alles, wenn er im Buch lesen muß. Ebenso hat er große Schwierigkeiten, ein Wort herauszuhören. Er kennt die Laute, aber er vergißt sie zu schnell, so daß er nicht fähig ist, ein Wort, das den Laut enthält, zu erkennen.

Brenda, dreizehn Jahre alt, liest sehr schön. Sie liest mit Rhythmus, Tonfall und richtiger Betonung. Wenn man sie laut lesen hört, würde man sie für die Klassenbeste im Lesen halten, doch ihr Leseverständnis ist äußerst schwach. Sie kann die Hauptaussage eines Abschnitts nicht mit eigenen Worten wiedergeben; sie gibt nur einige Details wörtlich wieder und versteht oft etwas falsch. Sie kann keinen einfachen Satz schreiben, ihre Rechtschreibung ist grauenhaft, und sie ist verwirrt, wenn sie ein neues Wort aus dem Kontext heraus lernen muß.

Ralph und Brenda stehen stellvertretend für Millionen von Kindern in unseren Schulen, die im wahrsten Sinne des Wortes „abgeschaltet" sind. Wenn Ralph „angeschaltet" ist, kann er lesen. Man meint, man hat eine andere Person vor sich. Er liest mit Rhythmus und Ausdruckskraft in seiner Stimme, der Streß ist weg. Anstatt sich damit abzuplagen, die Wörter nach dem Laut zu identifizieren, erinnert er sich an sie oder begreift sie aus dem Kontext heraus.

Durch ausreichende Wortanalyse entschlüsselt er das Wort und fährt dann fort, ohne seinen Gedankengang zu unterbrechen. Er erinnert sich an das, was er liest, und das gefällt ihm. Wenn Brenda „angeschaltet" ist, verlangsamt sie das Lesen ein wenig und denkt nach. Ihre Stimme ist weniger lebhaft, läßt jedoch mehr Einsicht erkennen. Sie kann sich an mehr Einzelheiten erinnern und versteht die beabsichtigte Aussage des Autors besser. Sie lernt von neuem richtige Schreibung und eignet sich langsam die Fähigkeit an, nach Laut und Silbe zu schreiben, anstatt sich ständig Wörter einzuprägen und sie abzurufen. Sie kann ihre eigenen Gedanken präzise und flüssig auf's Papier bringen.

Ralph und Brenda sind „angeschaltet" worden und besitzen jetzt die Voraussetzungen zum Lernen. Haben diese beiden Sie an irgendjemand erinnert? Ralph ähnelt ‚Linker Gehirnhälfte' und Brenda ‚Rechter Gehirnhälfte'. Wie ‚Linke Gehirnhälfte' versucht Ralph, mit der linken Hemisphäre zu lernen und blockiert aus irgendeinem Grund die rechte. Er versucht, die Regeln einzuhalten, die Laute zu lesen, sich an die Wörter zu erinnern und die Geschichte zu hören, alles zur gleichen Zeit; aber er schafft es nicht, denn ‚Linke Gehirnhälfte' kann nur eine Sache auf einmal machen. Brenda hat wie ‚Rechte Gehirnhälfte' ein Gefühl für die Melodie der Sprache und erkennt die Wörter von der Schreibung her, doch die linke Gehirnhälfte, die die Sprache und phonologischen Elemente verarbeitet, ist abgeschaltet. Informationen werden kaum gespeichert und organisiert.

Traditionelle Erziehungsmethoden

Traditionelle Erziehungsmethoden würden darauf abzielen, Ralphs visuelles Gedächtnis und Brendas auditives Spracherinnerungsvermögen zu trainieren. Mit Glück und Ausdauer würden sie sich möglicherweise verbessern und einen höheren Leistungsstand erzielen. In den meisten Fällen jedoch bedeutet das Trainieren eines „abgeschalteten" Gehirns, daß man eine der Hemisphären lehrt, für Ausgleich zu sorgen und Funktionen auszuüben, die ihr nicht gerade leicht fallen; nur selten erzielt man dadurch einen Erfolg.

Unsere Gesellschaft scheint felsenfest daran zu glauben, daß Materialien und Software das Lese- und Rechtschreibproblem lösen können. Millionen von Steuergeldern hat man schon für Lesesysteme, Maschinen und Computertechnologie ausgegeben, doch die menschliche Maschine für die all dies beabsichtigt war, hat man ignoriert. Anstatt zu verstehen, wie man besser und erfolgreicher lernen kann, verschlimmern die Pädagogen das Problem, da sie dazu neigen, das Kind zu verändern und es dem Material anzupassen.

Vielleicht liegt es in der menschlichen Natur, Verhaltensweisen beizubehalten, obwohl sich ihre Unangemessenheit schon längst herausgestellt hat. Man hört immer wieder von dem an der Universität „U.C.L.A." durchgeführten Experiment mit der riesigen Nachbildung eines Labyrinths, das in einem Laborexperiment mit Ratten verwendet wurde. Studenten mußten auf der Suche nach Geld durch das Labyrinth laufen; ihr Verhalten glich dabei dem von Ratten auf der Suche nach Käse. Die Studenten lernten schnell ihre Aufgabe, und bis zum Extinktionsteil des Experiments gab es keinen bedeutenden Unterschied zwischen Studenten und Ratten. Als dann die Belohnungen entfernt wurden, hörten die Ratten auf, den Käse zu suchen, während die Studenten den „blauen Lappen" durch das Labyrinth weiter hinterherliefen. Wir alle, die wir lehren, sind schuld daran, daß Menschen „durch Labyrinthe laufen". Wenn wir mit einer Methode bei einem Kind oder in einer Klasse erfolgreich waren, sind wir überzeugt davon, daß sie auch bei einem anderen Kind oder einer anderen Klasse funktioniert. Wenn sie nicht funktioniert, liegt es nicht an der Methode, es stimmt mit dem Lernenden etwas nicht. Tag für Tag, Woche für Woche, Jahr für Jahr wenden wir diese Methode weiter an, und schon der geringste Erfolg bestärkt uns darin, den letztendlich zum Scheitern führenden Kurs beizubehalten.

Fred, ein echter „Legastheniker"

Es bedarf einer enormen Herausforderung, sich von dem oben beschriebenen „Fehlverhalten-Syndrom" loszureißen. Ich hatte Glück, daß ich diese Herausforderung in Fred fand. Fred lehrte mich, daß das meiste von dem, was ich über Lesen und

Lernen zu wissen glaubte, umprogrammiert werden mußte. Nachdem ich zehn Jahre auf dem Gebiet gearbeitet hatte, war ich schließlich auf einen echten „Legastheniker" getroffen. Fred konnte überhaupt nicht lesen. Obwohl er 26 Jahre alt und Hochschulabsolvent war, konnte er sich nicht mehr als zwanzig Erste-Klasse-Wörter einprägen. Fred sah gut aus, er war gesund, körperliche Anzeichen für seine Behinderung waren nicht zu erkennen. Er war ein charmanter Gesprächspartner und wollte zumindest ein wenig Lesen und Schreiben lernen. Er hatte Vertrauen in mich und war damit einverstanden, meine Methoden auszuprobieren.

Wir begannen mit der von uns entwickelten auditiv-visuell-kinesthetisch-taktilen Methode, die das phonetische Verbinden von Lauten betonte. Fred lernte, Sätze wie „The fat cat is in the bag" durch Hören zu verstehen, und er lernte, durch kinesthetisch-taktiles Nachzeichnen, Erste-Klasse-Vokabular zu lesen. Diesen Fortschritt machte er innerhalb von sechs Monaten, worüber er richtig glücklich war.

Dann gerieten wir in Schwierigkeiten. Fred machte keine Fortschritte mehr. Es gab keinen Transfer von dem Geübten zur gedruckten Seite. Kinder, die von uns trainiert werden, übertragen den Erfolg auf die Schule und wenden die erworbenen Fähigkeiten an. Die veränderte Einschätzung der Kinder durch die Eltern schafft dabei die richtige Atmosphäre und Energie für eine positive Einstellung zum Lernen. Fred jedoch war zwanzig

Jahre lang ein Versager gewesen und konnte sein Selbstverständnis nicht ändern.

Fred, bei dem eine Dominanz der rechten Hand, aber des linken Auges vorliegt, steht stellvertretend für über fünfzig Prozent aller Menschen mit Lernproblemen. Die Kreuz-Dominanz (siehe Kap. VII) läßt vermuten, daß mangelnde neurologische Organisation die Ursache für die Verwirrung ist. Unser Programm für visuelles Training, das Getmans Methode des „Bilateralen Patternings" beinhaltet, absolvierte Fred erfolgreich. Die Verbesserungen im Lesen und Schreiben, die die meisten Kinder erleben, stellten sich bei Fred jedoch nicht ein. Warum brachten unsere Methoden bei ihm keinen Erfolg? Sie funktionierten in anderen Fällen, in denen schwere Lernbehinderungen vorlagen. Unterschied sich Fred so stark von anderen? Gab es einen emotionalen Block, der Lernen verhinderte? Ich war entschlossen, die Lösung für Freds Leseprobleme zu finden.

Grace, das Opfer eines Schlaganfalls

Zu jener Zeit traf ich auf Grace, die mir Einsichten vermittelte, um Fred helfen zu können. Grace war 27 Jahre alt und hatte einen Schlaganfall erlitten. Obwohl sie anscheinend in jeder Beziehung rehabilitiert war, konnte sie nicht lesen und war darüber totunglücklich. Vor ihrer Krankheit hatte sie mit Begeisterung gelesen und war Präsidentin eines Buchclubs gewesen; deshalb wünschte sie sich so sehr, diesen Teil ihres sozialen Lebens wiederzugewinnen. Ich wollte bilaterale Integration erzielen und Grace wieder in den Laut-Schrift-Beziehungen trainieren, so daß sie wieder Wörter erkennen könnte. Bald las sie schon viel besser. Sie kannte die Wörter als „Sicht"-Wörter. Sie konnte Listen von Wörtern lesen, aber sie konnte nicht die gedruckte Sprache eines Lesebuches über dem Niveau der fünften Klasse lesen. Da ich wußte, daß die Ursache ihrer Behinderung das Trauma der linken Gehirnhälfte war, war mir auch klar, welche Rolle die beiden Gehirnhälften beim Lesen spielten.

Fred setzte seine rechte Gehirnhälfte nicht ein, da die Aktivierung der linken Gehirnhälfte seine ganze Aufmerksamkeit erforderte. Er hatte sich beigebracht, alle Informationen auszuschalten und sich nur auf die Buchstabe-für-Buchstabe-Dekodierung zu konzentrieren. Da viele Gehirnzellen der linken Hemisphäre bei Grace durch den Schlaganfall zerstört worden waren, las sie nur mit der rechten Gehirnhälfte und war nicht fähig, komplexes verbales Material zu verarbeiten oder Wörter phonetisch zu dekodieren.

Die Edu-Kinesthetic „schaltete" Fred „an", so daß er jetzt, nach einem Jahr Unterricht, Lesestoff der dritten Klasse bewältigen kann. Grace lernte, sich richtig zu konzentrieren, und verbesserte ihre Lesefähigkeit auf das Niveau der sechsten Klasse (wahrscheinlich lernte ich mehr von Grace als sie von mir). Für Fred lag der Schlüssel darin, sich entspannen zu können und sich selbst zu vertrauen, anstatt sich zu sehr anzustrengen. Die Edu-Kinesthetic vermittelte ihm genug Erfolg, um mit sei-

156

nen alten Gewohnheiten brechen zu können. Für Grace lag der Schlüssel darin, alles etwas langsamer anzugehen, sich richtig konzentrieren zu können und wieder zu lernen, der Oberflächenstruktur der Sprache zuzuhören.

Die Edu-Kinesthetic verschafft Ausgeglichenheit, „schaltet" Menschen vor dem Lernen „an" und sorgt dafür, daß man während des Lernens im Gleichgewicht bleibt. Es ist eine einfache und sichere Methode. Alles was man dafür benötigt, ist, ‚Rechte Gehirnhälfte' und ‚Linke Gehirnhälfte' zu kennen und dem Schüler Aufmerksamkeit zu schenken.

Die Edu-Kinesthetic lehrt, das Potential eines Schülers zu maximieren, indem man Blockierungen beseitigt und den das Lernen beeinflussenden Streß vermeidet. Man geht dabei von der Prämisse aus, daß man sich die meisten Lernprobleme unbeabsichtigt selbst auferlegt. Im Bemühen, das zu machen, was man von ihm verlangt, „schaltet" ein Kind „an" und macht dies bald zur Gewohnheit.

Stellen Sie sich vor, ‚Linke Gehirnhälfte' und ‚Rechte Gehirnhälfte' lesen vor Ihnen dasselbe Stück. ‚Rechte Gehirnhälfte' hat keine linke Hemisphäre und ‚Linke Gehirnhälfte' keine rechte. Wenn doch nur ‚Linke Gehirnhälfte' ein wenig schneller und mit mehr Ausdruck in der Stimme lesen könnte. ‚Rechte Gehirnhälfte' sagt nur die Wörter, die sie kennt, und ist ratlos bei kleinen Wörtern wie ‚auf', ‚in' etc. Wenn die beiden sich nur verbinden und ihre speziellen Fähigkeiten zusammen entfalten könnten! Ganz plötzlich scheinen sie in ein Ganzes zu verschmelzen, und das Lesen ist gekennzeichnet von Natürlichkeit, Genauigkeit und Lebendigkeit – wie die eigentliche Sprache in einer Unterhaltung. Jede Seite trägt ihren Teil zur Informationsverarbeitung bei, und der Gedanke des Schreibers wird dem Leser und Hörer vermittelt.

Zusammenfassung

1. Die Edu-Kinesthetic dient der Diagnose von Blockierungen beim Lernprozeß und der Behebung von Lernbehinderungen durch Beseitigung der Blockierungen im Energiekreislauf.

2. Bewegung und Körperbewußtsein sind Teil des Lernprozesses, nicht nur, um für Dominanz der linken Gehirnhälfte zu sorgen, sondern auch, um die rechte Gehirnhälfte in jede Erfahrung zu integrieren.

3. Das „Abblocken" der rechten Gehirnhälfte beeinträchtigt Lesen und Schreiben. Diese Fertigkeiten müssen wie das Atmen oder die Verdauung automatisiert werden, was letztlich eine Funktion der rechten Gehirnhälfte ist.

4. Um sicher zu sein, daß eine integrierte und ausgeglichene Lernerfahrung gemacht wird, muß man die folgenden Punkte beachten:
   a) die Mittellinie des Körpers,
   b) fließende Augen-, Hand- und Körperbewegungen,
   c) das Überkreuz-Bewegungsmuster,
   d) expressive Sprachfertigkeiten und offene Körpersprache,

e) Energiefluß durch den Nacken,

f) Körperbewußtsein beim Denken,

g) die Unvermeidlichkeit erfolgreichen Lernens.

h) Betonung der Gegenwart: Die Vergangenheit und die Zukunft dürfen nicht die Freude am gegenwärtigen Erfolg beeinträchtigen.

i) Betonung des Prozesses: Das Ergebnis sorgt für sich selbst.

j) Man muß akzeptieren, daß man für die eigene Entwicklung selbst verantwortlich ist.

5. Die Edu-Kinesthetic hilft, den gesunden Lernenden zu einem hohen und wichtigen Bewußtseinsniveau zu führen. Sie ist nicht:

a) ein Allheilmittel,

b) ein Ersatz für medizinische, zahnmedizinische und augenärztliche Fürsorge,

c) ein Ersatz für hervorragende Lehren und für eine warme und liebevolle heimische Atmosphäre.

Kapitel XI
EK in der Praxis

Die Poseidon-Schule

„Die Edu-Kinesthetic arbeitet also an Ihren Lesezentren mit ‚Legasthenikern'. Gibt es denn auch
Forschungsergebnisse und Erfahrungswerte, die
beweisen, daß EK auch in der Schule anzuwenden
ist?" Das war die Reaktion interessierter Eltern
und Pädagogen, die von unserem Programm hörten.

In der Überzeugung, daß die EK – richtig ein-
gesetzt – für jeden geeignet ist, entwarf ich für die
Poseidon-Schule in Los Angeles ein Programm.
Die Daten dieser Pilot-Studie sollten zeigen, ob
die Edu-Kinesthetic eine brauchbare pädagogische
Alternative ist.

Die Poseidon-Schule ist eine Privatschule mit
spezieller Ausrichtung, in der ungefähr 60 Schüler
im Alter zwischen 11 und 17 Jahren unterrichtet
werden. Diese Schüler werden der Poseidon-Schule von Schulbehörden, Gerichten und Privatperso-
nen zugewiesen. Die meisten von ihnen haben die
Hoffnung aufgegeben, jemals lernen zu können.
Sie halten sich für Versager und entfremden sich
der Schule, der Familie und den Freunden.

Eine Erziehungsphilosophie

Ausgehend von der Überzeugung, daß erfolgrei-
ches Leben eine ganz auf Entwicklung ausgerich-
tete Atmosphäre und Umgebung erfordert, zielte

unser Programm darauf ab, zunächst die Einstellungen des Personals zu ändern, bevor es den Schülern vorgestellt werden sollte. Die Edu-Kinesthetic ist mehr als ein Lernkurs, eine Lehrmaschine oder einfach ein weiterer effekthaschender Gag, sie ist eine Lebensart. Der Einsatz der Edu-Kinesthetic würde daher erfordern, daß sie – wie subtil auch immer – in das Glaubenssystem aller im Programm beteiligten Personen integriert wird; dazu gehören sowohl Direktor, Berater, Lehrer, Eltern als auch Sekretärinnen und Hausmeister. Wenn der Glaube existiert, daß Wachstum in der Schule möglich ist, tragen alle dort arbeitenden Personen dazu bei, diesen Glauben zu verwirklichen.

Schulung des Personals

Das für die Poseidon-Schule entworfene Programm beinhaltete, zuerst das gesamte Personal in einem Gruppenseminar „anzuschalten". Im Dezember 1980 wurde das Personal in einer ganztägigen, achtstündigen Erfahrung mit allen Aspekten der Edu-Kinesthetic konfrontiert, so als ob sie sich als Kinder in einem von Berührung, Freude, Entdeckung und Selbstbeobachtung gekennzeichneten Workshop befänden. Das Ziel lag darin, die Möglichkeiten der Edu-Kinesthetic in der Schule zu realisieren, ohne daß dafür ein behördlicher Erlaß notwendig ist. Wir hofften, daß ein Lehrer sich bereit erklären würde, die Methoden der Edu-Kinesthetic in seiner Klasse auszuprobieren. Alle Teilnehmer machten in dem Seminar positive Erfahrungen und erkannten den Zweck und den

Wert der ihnen gelieferten Informationen. Glücklicherweise meldete sich auch ein Lehrer für das Pilot-Programm in seiner Klasse.

Bei einem in der folgenden Woche stattfindenden Treffen teilte der Direktor dem Lehrpersonal mit, daß die Edu-Kinesthetic während des Frühjahrsemesters in einer Klasse ausprobiert werden würde, die Möglichkeit einer weiteren Anwendung in der Zukunft wurde in Aussicht gestellt. Jeder konnte in der Klasse hospitieren und selbst mit jenen Aspekten der EK experimentieren, die ihm zusagten. Man teilte den Lehrern ferner mit, daß Dr. Dennison während des gesamten Semesters Beratung und berufsbegleitende Fortbildung für sie, für die Eltern und die Lehrassistenten der an der Pilot-Studie beteiligten Klasse anbieten würde.

Überprüfbarkeit

Um auftretende Veränderungen feststellen zu können, wurde mit den 19 Schülern zu Beginn der Studie im Januar 1981 der „Peabody Picture Vocabulary Test", ein Test für Worterkennung durchgeführt. Das Ergebnis dieser Tests kann in einen Intelligenzquotienten umgerechnet werden, mit dem in unserem Fall Veränderungen gemessen wurden. Eine Verbesserung um sieben und mehr Punkte während der ersten fünf Monate des Programms würde signifikante Veränderungen anzeigen.

Die Klasse

Lois Fabiano, die Klassenlehrerin, begann mit dem Einsatz der Edu-Kinesthetic, indem sie sich von dem „Rechte Gehirnhälfte"-Grundsatz „Das Ganze ist mehr als die Summe seiner Teile" leiten ließ. Sie wußte, daß eine Veränderung der Einstellungen stattfinden muß, bevor Schüler an ihre Fähigkeit zum Lernen, Lieben und Wachsen glauben. Unter Verwendung der in diesem Buch beschriebenen Techniken machte sie bei sich selbst und bei ihrem Lehrassistenten den Anfang, entwickelte positive Gedanken und eine Einstellung unbegrenzter Liebe und Offenheit gegenüber Wachstum.

Lois führte Klassendiskussionen über die Edu-Kinesthetic durch, wobei sie immer betonte, daß die Teilnahme freiwillig sei. Immer mehr Schüler zeigten mit der Zeit Interesse, stellten Fragen und machten Vorschläge. Langsam wurden die Schüler dahin geführt, daß sie sich der folgenden Punkte bewußt waren:

1. Gegenseitiges Muskeltesten,
2. die räumliche Umgebung,
3. der Effekt von Farben, Nahrung und Körperhaltung,
4. die Beziehung zwischen Überkreuz-Bewegung und Lernen,
5. die entspannende Wirkung natürlicher Geräusche und langsamer Musik.

Die Schüler

Die Schüler entfernten Bilder und Dekorationen, die sie „schwächten", und ersetzten sie durch Gegenstände, die eine visuell ausgleichende Wirkung auf ihre Augen ausübten. Die Lehrerin brachte Vorhänge an, um eine psychologische und sichtbare Abgrenzung von der rauhen Welt draußen zu erreichen. Die Schüler, die die Überkreuz-Bewegung unbedingt in der freien Luft ausführen wollten, machten dies auf dem Spielplatz außerhalb des Klassenzimmers. Das Mobiliar aus Kunststoff wurde entfernt und durch Holztische ersetzt, da diese sich als bequemer und als bessere Energieleiter erwiesen. Ein Aquarium wurde erworben, so daß das Geräusch von Wasser und Leben den Raum durchflutete. Ein Elternabend wurde abgehalten, um das Programm zu erklären und die Anwendungsmöglichkeiten der Edu-Kinesthetic zu demonstrieren; die Reaktion war überwältigend positiv.

Ergebnisse

Im Lauf der Zeit entwickelte sich in der Klasse eine Dynamik an Hilfe, Berührung und Liebe. Man respektierte den Raum und seinen Inhalt als einen heiligen Ort, den man teilte und in dem man lernte. Ben, der weder gut schreiben noch buchstabieren konnte, wurde vom Lehrer und den Klassenkameraden zu richtigen Lerngewohnheiten geführt. Napoleon, ein hyperaktiver Junge, der ungefähr 1,80 m groß und gewöhnlich ein Unruheherd war, entwickelte sich zu einer Informationsquelle über metaphysische Fragen und bot eigene Interpretationen der Geschehnisse an, die recht hilfreich für die Klasse waren.

Die Schüler waren noch immer aktiv und ausgelassen, doch es gab weniger Aggressionen und Feindseligkeit, und jede Person respektierte den „Raum" des anderen. Besucher stellten sofort einen Unterschied zu früher fest und fragten, was in dem Raum vor sich ginge. Die Schüler hörten besser zu, sowohl dem Lehrer als auch den Mitschülern, und die Noten in den wöchentlichen Arbeiten wurden besser.

Im Juni 1981 wurde der „Peabody Picture Vocabulary Test" wieder durchgeführt. Da er ein Maß für die rezeptive Sprachfähigkeit ist und mit anderen Vorhersagemessungen geistiger Leistung stark korreliert, reflektieren die Ergebnisse die Veränderungen, die die Edu-Kinesthetic im Leben dieser Schüler bewirkte.

Von den 19 Teilnehmern zu Beginn der Studie verließen zwei die Klasse, so daß 17 Schüler für den Nachtest zur Verfügung standen. Von diesen 17 Schülern hatten sich elf verbessern können, bei einem Schüler hatte sich nichts geändert, und fünf hatten sich verschlechtert. Bei acht Schülern betrug die Veränderung sowohl nach oben als auch nach unten – nur 2 bis 4 Punkte und war deshalb statistisch nicht signifikant. Sieben Schüler jedoch hatten ihre Ergebnisse um 7 bis 14 Punkte verbessert, was eine signifikante Veränderung im Bewußtsein und in der Offenheit für das Lernen vermuten läßt (siehe Abb. 34).

Poseidon-Schule
Edu-Kinesthetic-Pilot-Studie
„Peabody Picture Vocabulary"-Test

Schüler	Vortest 1/81	Nachtest 6/81	Veränderung
A	106	109	+ 3
B	109	left	
C	114	114	gleich
D	103	100	− 3
E	108	110	+ 2
F	89	left	
G	77	87	+10
H	98	111	+13
I	100	97	− 3
J	105	94	−11
K	111	125	+14
L	108	104	− 4
M	84	95	+11
N	123	134	+11
O	111	121	+10
P	94	98	+ 4
Q	101	108	+ 7
R	79	82	+ 3
S	103	101	− 2

Abb. 34: Die Veränderungen der Intelligenzquotienten beim Test für rezeptive Sprachfähigkeit zeigen, daß sich elf von siebzehn Schülern mit Hilfe der Edu-Kinesthetic verbessern konnten, wobei sich sieben Schüler um 7 bis 14 Punkte verbesserten.

Wenn die Edu-Kinesthetic wie in der Poseidon-Studie eingesetzt wird, ist sie ein Werkzeug, mit dem man Lernen und Wachstum erfolgreicher gestalten kann. Bei hilfreicher, verständnisvoller und positiver Zusammenarbeit ist alles möglich. Wir haben gerade erst den Anfang gemacht.

Unser Symbol

Um noch einmal in Erinnerung zu rufen, was die Edu-Kinesthetic für Sie leisten kann, soll hier auf die Bedeutung unseres Symbols eingegangen werden (siehe Abb. 35). Wenn Sie in den kommenden Wochen und Monaten über die Bedeutung nachdenken, werden Sie eine neue Einsicht in das Wesen der Edu-Kinesthetic gewinnen.

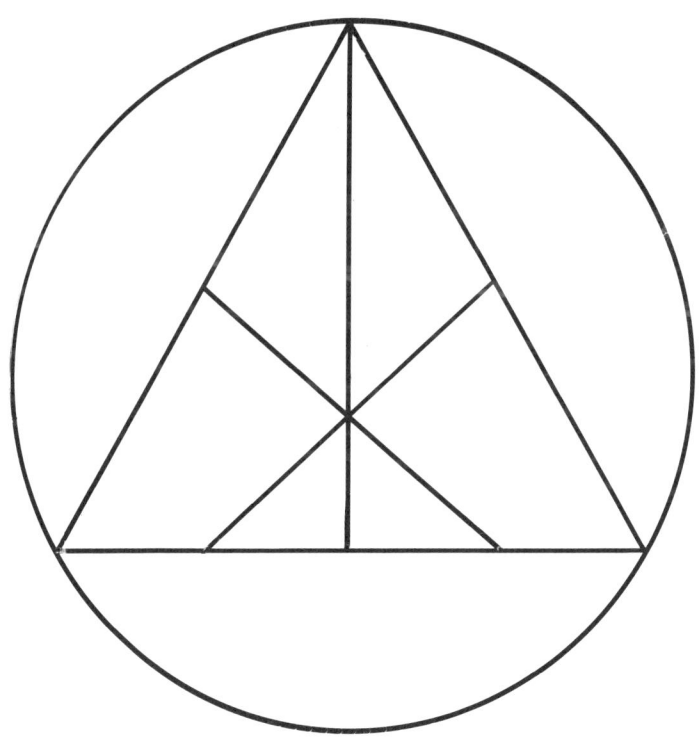

Abb. 35: Das Symbol der Edu-Kinesthetic

Unser Zeichen zeigt eine Pyramide in einem Kreis; in der Pyramide befinden sich mehrere Linien, die sich an einem Punkt im Zentrum des Kreises schneiden. Das Zeichen symbolisiert in hohem Maße den Inhalt dieses Buches.

Der Kreis repräsentiert Leben und Energie, die dynamisch und sich ständig verändernd fließt. Expressive Energie strahlt vom Zentrum entgegen dem Uhrzeigersinn aus, während wir wachsen. Meditative Energie fließt im Uhrzeigersinn nach innen zum Zentrum, während wir unsere Aufmerksamkeit auf etwas lenken. Die Pyramide zieht durch ihre Spitze Energie aus dem Universum an und ist an ihrer Basis mit der Erde verbunden – dort, wo wir das Leben durch unsere Sinne erfahren. Die rechte und die linke Seite der Pyramide symbolisieren die rechte und linke Gehirnhälfte, unsere beiden Bewußtseinsarten, die in der Mitte durch das Corpus callosum verbunden werden. Die beiden Gehirnhälften sind durch zwei kleine Linien verbunden, die das Zentrum kreuzen; sie treten an der Basis in die Bewußtseinsphäre ·der anderen ein; dies symbolisiert das Überkreuz-Bewegungsmuster. Die Basis der Pyramide repräsentiert das visuelle Feld; das mittlere Drittel dieser Linie ist der Mittelbereich des visuellen Feldes, in dem integriertes, „angeschaltetes" Lernen stattfindet. Die Linie von der Basis zur Spitze repräsentiert ebenso Energie, die durch den Körper und den Nacken fließen muß, um Ausgeglichenheit und gute Körperhaltung zu gewährleisten.

Anhang
Edu-Kinesthetic-Übungen

Diese Übungen und Aktivitäten helfen Spannung zu lindern, die Körperhaltung zu verbessern und Integration und Ausgeglichenheit der Gehirnhälften zu fördern.

1. *„Liegende 8"*
   Im Stehen oder Sitzen werden die Arme gestreckt gerade nach vorne mit den Handflächen zusammengebracht. Nun zeichnen Sie, während beide Hände fest zusammenbleiben, mit ausholenden Bewegungen eine „Liegende 8" (∞) in die Luft. Führen Sie diese Übung ca. 20mal durch.

2. *Überkreuz-Bewegungen*
   Schwungvolle Gehbewegungen im Stehen in verschiedenen Variationen (siehe Kapitel V).

3. *Drehungen*
   Einfaches Drehen um die eigene Körperachse. Drehungen haben einen wunderbaren Effekt auf die Bewegungsentwicklung und die Konzentration. Sie stimulieren den Vestibularapparat, einen Teil des inneren Ohres, der für das Gleichgewicht verantwortlich ist.

4. *„Diamond-Twist"*
   Stehend mit leicht gespreizten Beinen und

leicht gebeugten Knien werden die Arme waagrecht zur Seite erhoben. Halten Sie den Kopf dabei gerade und fixieren Sie einen Punkt in Augenhöhe. Rotieren Sie mit Armen und Körper schwungvoll von einer Seite zur anderen, wobei die Augen weiterhin den Punkt fixieren. Während der Drehbewegung in die eine Richtung atmen Sie mit geschlossenem Mund durch die Nase ein, wobei die Zunge am Gaumen liegt; bei der Drehbewegung in die Gegenrichtung atmen Sie durch den Mund aus. (Ca. 20mal.)

5. *Schwingen*
Bei dieser Übung wird der Oberkörper abwechselnd nach rechts und links gedreht. Die Arme hängen locker an der Seite herab, so daß sie bei der Oberkörperdrehung mitschwingen können. Das „Schwingen" ist eine ausgezeichnete Übung, um den Gleichgewichtssinn und die Bewegungskontrolle zu stimulieren. Schwingen Sie in allen Positionen und führen Sie die Übung zur Anregung schnell aus, zur Entspannung langsam.

6. *Hängen mit dem Kopf nach unten*
Umgekehrte Positionen helfen, dem Gehirn Blut und Energie zuzuführen. Der Körper kann eine völlig gestreckte Haltung und ein Gefühl von Schwerelosigkeit erleben. Bei Sehproblemen hat diese Übung sich als besonders nützlich erwiesen.

7. *Springen auf einem Trampolin*
Das Springen auf einem Trampolin, das ein Zu-
rückprallen in einen schwerelosen Zustand beinhaltet, ist eine ausgezeichnete Übung für ve-
stibulare Stimulation und visuelle Wahrnehmung. Filmaufnahmen zeigen, daß die Augen
wieder lernen, sich auf etwas zu richten und zu
konzentrieren.

8. *Massage*
Massage lindert Spannung in jedem Alter, und
Kinder benötigen Massage ebenso wie Erwachsene. Besondere Aufmerksamkeit sollte man
dem oberen Nackenbereich an der Verbindungsstelle zum Kopf schenken (siehe Abb. 36).

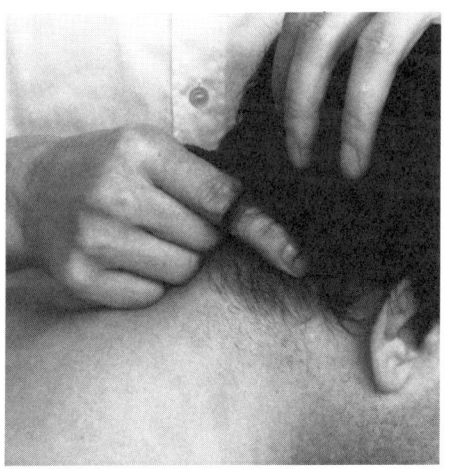

Abb. 36: Verspannungen und Energieblockierungen können oft gelindert
werden, wenn man den oberen Nackenbereich an der Verbindungsstelle
zum Kopf massiert.

Wenn Schultern verspannt aussehen oder sich hart anfühlen, drücken Sie ungefähr 20 Sekunden lang diese Muskeln so fest, wie es die entsprechende Person erlaubt, und die Spannung wird wegschmelzen (siehe Abb. 37).

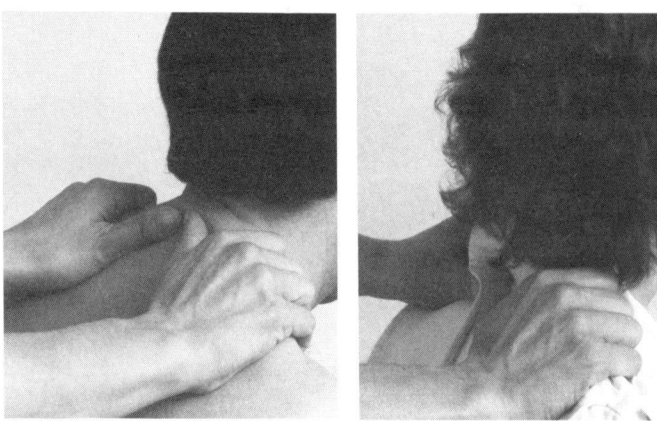

Abb. 37: Verspannungen in den Schultern können gemildert werden, indem man das Muskelgewebe zwischen Nacken und Schultern greift und zusammendrückt.

9. *Stärkung und Entspannung des Nackens*
Wir trainieren und stärken unsere Körpermuskeln, aber das Funktionieren unserer Nackenmuskeln sehen wir als selbstverständlich an. Übungen mit einem Widerstand, wie in Abb. 38 gezeigt, helfen, die Nackenmuskeln zu aktivieren, so daß der Nacken stärker auf die Umwelt anspricht und Energie besser leitet. Wechseln Sie zwischen stärkenden Übungen und Nakkenrollen (siehe Abb. 39). Das Nackenrollen soll ohne Kraftaufwand geschehen; lassen Sie

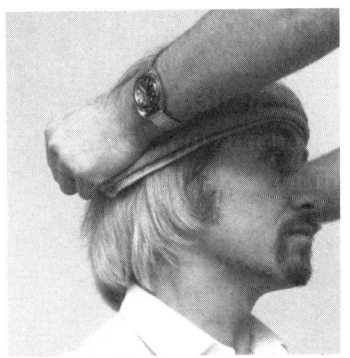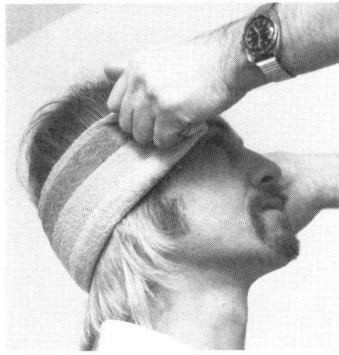

Abb. 38: Widerstandsübungen mit einem Handtuch für die Nackenmuskulatur. Leisten Sie langsam und fest Widerstand in alle Richtungen.

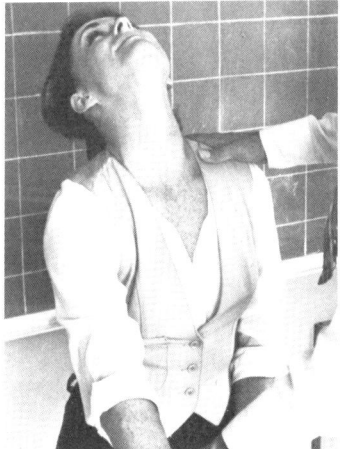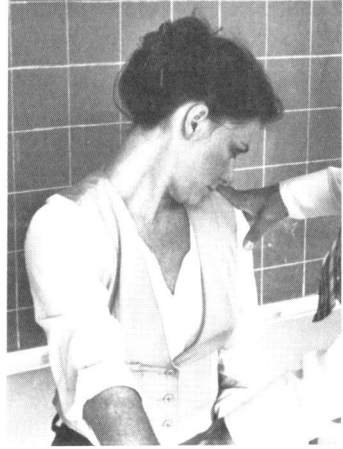

Abb. 39: Entspannungsübungen für die Nackenmuskulatur. Rollen Sie den Kopf in vollständigen Kreisen. Halten Sie an, wenn Sie eine Verspannung spüren, bis diese sich löst.

Schwerkraft und Energie die Bewegung ausführen. Lassen Sie zuerst den Kopf nach vorn hängen, bis die Spannung weg ist, und kreisen Sie dann langsam mit dem Kopf. Machen Sie das dreimal in jede Richtung.

173

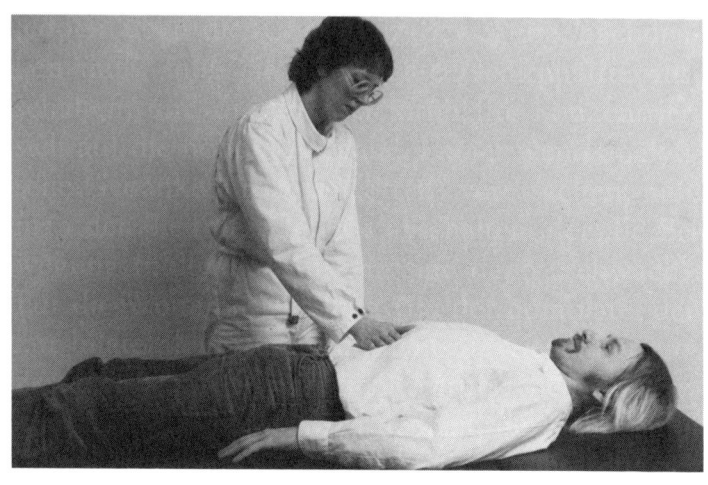

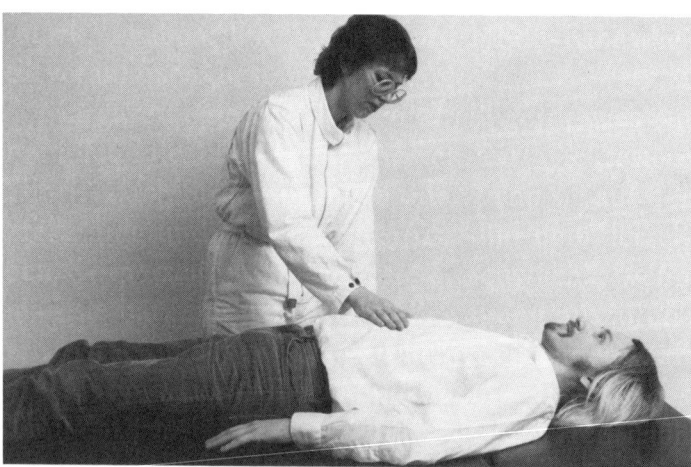

Abb. 40: Falsches Atmen ist flach, nur der Brustraum wird mit Luft gefüllt. Richtiges Atmen füllt beim Einatmen die gesamte Bauchhöhle und den Brustraum mit Luft.

10. *Atemübungen*

Viele Menschen wissen nicht, wie man eigentlich atmen sollte und daß man mit jedem Atemzug Energie blockieren kann. Eine flache Atmung, die als „Kampf oder Flucht"-Reaktion gelernt wird, füllt nur die Brust mit Luft. Einige Leute ziehen den Bauch ein, um dünn auszusehen. Richtiges Atmen füllt den gesamten Körper, vom Unterleib bis zum oberen Teil der Brust, sendet Energie in jede Körperzelle. Man lernt es am leichtesten, wenn man auf dem Rücken liegt. Eine Hand oder ein Buch auf dem Bauch zieht Energie in diesen Körperbereich. Achten Sie auf jede Anspannung im Körper und lassen Sie sie los. Atmen Sie rhythmisch; atmen Sie langsam ein – 1, 2, 3 – halten Sie den Atem an – 1, 2, 3 – und atmen Sie langsam aus – 1, 2, 3. Mit wachsender Erfahrung kann man die Übung steigern. Wir atmen dabei durch die Nase (siehe Abb. 40).

Therapeuten

Auf Anfrage nennen wir Ihnen Adressen von Behandlern, die mit den im Buch beschriebenen Methoden arbeiten.
Institut für Angewandte Kinesiologie
Zasiusstr. 67
D-7800 Freiburg
Telefon 07 61 / 7 27 29

Dr. Paul Ehrlich Dennison hat stets als Pädagoge gearbeitet: zunächst als Lehrer in Los Angeles und während der letzten elf Jahre als Direktor des „Valley Remedial Group-Lernzentrums". 1975 wurde ihm die Doktorwürde an der „University of South California" verliehen.

Zusätzlich zu seiner offiziellen Ausbildung erforscht Dr. Dennison die Dimensionen von Geist, Yoga, Struktureller Integration, Chiropraktik und Angewandter Kinesiologie. Seine Lieblingsnebenbeschäftigung ist die Leitung von Workshops für Erwachsene über die Prinzipien der Edu-Kinesthetic.

Während Dr. Dennison früher Fachmann in Fragen wie Zeitersparnis und Effizienz war, lernt er jetzt, Zeit zu verschwenden und sich um seine Kinder zu kümmern. Es bereitet ihm Freude, ihre Entwicklung zu verfolgen, und er genießt jede verschwendete Sekunde.

Wenn Sie mehr über Edu-Kinesthetic erfahren möchten, ist Dr. Dennison gerne bereit, auf Fragen oder Vorschläge zu antworten und Besuche zu empfangen. Wenn Sie seine Techniken ausprobieren, würde er gerne Ihre Reaktion hinsichtlich ihrer Effektivität kennenlernen. Seine Adresse: P. O. Box, 5002, Glendale, California 91201.

Robert Siudzinski
Clint van Nagel
Edward J. und Maryann Reese

Megateaching

Neurolinguistisches Programmieren (NLP) ist ein Modell des menschlichen Verhaltens und der menschlichen Kommunikation. Die Anwendung der Techniken und Strategien des NLP in der Erziehung bietet einen neuen, belebenden Einstieg in die Methoden des Lehrens und Lernens. Ihre Haltung gegenüber Lehr- und Lernmethoden wird revolutioniert. Die vielfältigen Möglichkeiten, zu lernen und Verhalten zu verändern, eröffnen Lehrern und ihren Schülern neue Horizonte.

196 Seiten, gebunden, 34,– DM/sFr
ISBN 3-924077-10-X

PAUL E. DENNISON/GAIL E. HARGROVE

Das Handbuch der EDU-KINESTETIK für Eltern und Lehrpersonen von Kindern jeden Alters

93 Seiten,
Illustrationen, Paperback, 19,80 DM/sFr
ISBN 3-924077-06-1

Neurolinguistisches Programmieren in Unterricht und Erziehung
Neurolinguistisches Programmieren (NLP) ist ein Modell des menschlichen Verhaltens und der menschlichen Kommunikation. Dazu gehören die verschiedenen Arten der Wahrnehmung und deren Speicherung, wowie der Prozeß der Verhaltenssteuerung. Die Anwendung der Techniken und Strategien des Neurolinguistischen Programmierens in der Erziehung bietet einen neuen, belebenden Einstieg in die Methoden des Lehrens und Lernens. Ihre Haltung gegenüber Lehr- und Lernmethoden wird revolutioniert. Die vielfältigen Möglichkeiten, zu lernen und Verhalten zu verändern, eröffnen Lehrern und Schülern neue Horizonte.

MEGATEACHING

Clint van Nagel
Robert Siudzinski
Edward J. Reese
Maryann Reese

Ⓥ VAK

Das *Institut für Angewandte Kinesiologie* in Freiburg veranstaltet laufend Kurse in Edu-Kinestetic, Touch for Health (Gesund durch Berühren), Natürlich besser sehen und den unterschiedlichen Bereichen der Angewandten Kinesiologie. Das Institut ist ständig bemüht, durch engen Kontakt mit den Pionieren der Methode aus dem Ursprungsland, den Vereinigten Staaten, die neuesten Forschungen in den Entwicklungen aus dem Bereich der Angewandten Kinesiologie zu integrieren. Ein weiteres Anliegen ist die Veröffentlichung von Literatur zum Thema, um eine möglichst große Verbreitung der Angewandten Kinesiologie auch im deutschsprachigen Raum zu ermöglichen.

Wer an der Arbeit des Instituts interessiert ist, kann kostenlos Unterlagen anfordern über die folgende Adresse:
INSTITUT FÜR ANGEWANDTE KINESIOLOGIE FREIBURG
Zasiusstraße 67, D-7800 Freiburg
Telefon 07 61/7 27 29

Paul und Gail Dennison

Brain-Gym

EK-Übungsanleitungen für zu Hause

Zusammenfassung und Ergänzung der EK-Übungen mit speziellen Anwendungsgebieten.
Tabellen zum schnellen Auffinden, was wann, wo und wie angewendet werden kann.

65 Seiten, Paperback, 16,80 DM/sFr
ISBN 3-924077-12-6

Dr. Roger J. Callahan

240 Seiten, 53 Abbildungen,
Paperback, 32,– DM/sFr
ISBN 3-924077-14-2

ONE BRAIN ermöglicht ein völlig neues Verständnis der Legasthenie. Wir alle haben legasthenische Störungen, „blinde Flecken" im Gehirn, verursacht durch Verweigerung des Lernens in Situationen emotionalen Stresses. ONE BRAIN verhilft zur Identifizierung und Überwindung dieser Blockaden: durch Muskeltests und Integration von Vorder- und Hinterhirn.
Die Autoren: Gordon Stokes ist Präsident von *Three in one* und war zehn Jahre lang National Training Director der *Touch for health-Foundation*. Daniel Whiteside wurde durch seine Pionierarbeit in der Verhaltensgenetik international bekannt.

209 Seiten, Illustrationen, kart.,
28,– DM/sFr
ISBN 3-924077-07-X

Das *Institut für Angewandte Kinesiologie* in Freiburg veranstaltet laufend Kurse in Edu-Kinesthetic, Touch for Health (Gesund durch Berühren) und den unterschiedlichen Bereichen der Angewandten Kinesiologie. Das Institut ist ständig bemüht, durch engen Kontakt mit den Pionieren der Methode aus dem Ursprungsland, den Vereinigten Staaten, die neuesten Forschungen in den Entwicklungen auf dem Bereich der Angewandten Kinesiologie zu integrieren. Ein weiteres Anliegen ist die Veröffentlichung von Literatur zum Thema, um eine möglichst große Verbreitung der Angewandten Kinesiologie auch im deutschsprachigen Raum zu ermöglichen.

Wer an der Arbeit des Instituts interessiert ist, kann kostenlos Unterlagen anfordern über die folgende Adresse:

INSTITUT FÜR ANGEWANDTE
KINESIOLOGIE FREIBURG,
Zasiusstraße 67, D-7800 Freiburg,
Telefon 07 61/7 27 29